大师教我学知识

怎样做数学游戏

叶圣陶 著

丰子恺 图

人民文学出版社 天天出版社

图书在版编目（CIP）数据

怎样做数学游戏 / 叶圣陶著. — 北京：天天出版社，2015.3
（大师教我学知识）
ISBN 978-7-5016-0936-9

Ⅰ．①玩…　Ⅱ．①叶…　Ⅲ．①小学数学课—课外读物
Ⅳ．①G624.503

中国版本图书馆CIP数据核字（2015）第023195号

责任编辑：黄丽琴　　　　　　　美术编辑：林　蓓
责任印制：李书森　康远超

地址：北京市东城区东中街 42 号　　邮编：100027
市场部：010-64169902　　　传真：010-64169902
http://www.tiantianpublishing.com
E-mail: tiantiancbs@163.com

印刷：北京盛通印刷股份有限公司　　经销：新华书店
开本：710×1000　1/16　　　　　　印张：10.25
2015 年 4 月北京第 1 版　　　2015 年 4 月第 1 次印刷
字数：110 千字　　　　　　　　印数：1-10,300 册

ISBN　978-7-5016-0936-9　　　定价：25.00 元

出版说明

　　叶圣陶先生（1894—1988）是我国 20 世纪杰出的作家、教育家和出版家，他的一生跨越晚清、民国和新中国三个时期，从事教育、编辑和出版工作长达六十余年。他是我国近现代史上一些重大变革的"亲历者"和"参与者"，也是 20 世纪一系列重大教育出版活动的领导者、决策者和组织者，他为文学、语言、教育、出版等事业做了许多切实的工作。

　　叶先生 1912 年开始杏坛生涯，1930 年底在开明书店工作时开始编辑语文书籍和儿童故事书。由叶圣陶先生编撰的上海开明版国语读本，至今仍为很多人欣赏。在教学和编辑之余，叶先生还笔耕不辍，写下了大量儿童文学作品，深受小读者们的喜爱，影响了一代又一代孩子的成长。

　　凭借丰富的教学实践和写作经验，叶先生留下的《作文论》《语文随笔》等著作从多角度多侧面地介绍语文知识和写作技巧，通过实例讲述学习语文和写作的成功诀窍和失败的根源，无不体现出他深厚扎实的理论学养和亲切朴实的教学思想。

　　为了提高今天的小学生们的语文水平和动手

动脑的综合能力，提高孩子们对阅读的兴趣，培养孩子们的审美能力，我们经叶圣陶先生的后人授权，从叶先生的《作文论》《语文随笔》等经典著作中，选编出适合今天小读者阅读的部分内容，重新汇编成这套"大师教我学知识"。叶先生当年提出的问题，倡导的方法，解决的方案，都具有普遍性和针对性，时至今日，依然有着鲜明的现实意义和借鉴意义。

"大师教我学知识"首次推出四本，分别为《怎样学语文》《怎样写作文》《怎样爱科学》《怎样做数学游戏》，包括语文、作文、音乐、美术、运动，甚至玩具制作、模型制作等内容，实例安全便捷，语言通俗易懂。后面，我们还将继续推出夏丏尊、叶圣陶两位大家关于阅读和写作的经典著作。

这套书采用全彩印刷，除保留原有插图之外，在部分篇章中还重新插入了我国漫画大师丰子恺先生（1898—1975）的一些精美儿童漫画。丰子恺先生生前曾经多次为叶圣陶先生的著作配图。二人的合作珠联璧合，受到广泛赞誉。

编辑在审稿过程中，仅对原稿印刷上的某些错讹、不规范的字词和标点等进行了校正，其他皆保持原貌。

由于才疏学浅，难免会有疏漏，敬请方家指正。

目 录

算术游戏

一 请你猜猜看

有一天晚上，兄妹两人在灯下温习功课。他们温习了许久，觉得很是疲倦。哥哥便从抽屉里拿出五张小纸片，教妹妹做一回游戏，这五张小纸片：第一张是像（一）那样写着；第二张是像（二）那样写着；第三张是像（三）那样写着。他的妹妹看见他连一接二地拿出纸片来，很是奇怪，不知到底有什么用处，后来他又拿出第四张来，是像（四）那样写着；第五张是像（五）那样写着。五张一起都拿了出来，他说道："这五张

（一）		（二）		（三）		（四）		（五）	
1	8	2	14	3	11	4	9	5	13
10	6	12	9	8	14	10	14	15	10
12	15	6	11	13	9	12	8	12	7
11	13	15	7	6	15	15	13	11	14

纸片叫作‘神仙猜数’。你不要对我讲所猜的数字，我只要问你几声，就会知道你所猜的数目。"妹妹不相信，要哥哥做一遍试试。哥哥说："你先认定格子里面的一个数目，不要让我知道。只要告诉我这数目五张里面哪几张有，我就可以说出这数目来。"妹妹说："啊！我不大相信。现在我认定了。第一张有的，第二张没有，第三张有的，第四张有的，第五张没有。"哥哥说："我已经知道，你猜的一定是8这数目呀。"妹妹说："啊，奇怪，你怎么会知道的？请你告诉我！"哥哥答道："这种游戏，另有秘诀。——只要把每张左上角第一数互相加起来，就是那被认定的数目了。刚才你猜的8，第一张有的，左上角第一数不是1吗？第三张有的，左上角第一数不是3吗？第四张不是4吗？现在把1，3，4，三个数目加起来不就是8吗？"妹妹听了以后，很是快活。

2

二　抢三十

旦华、真民、强生三位小朋友，当课余没事的时候，最喜欢坐在草地上做游戏。有一次，他们坐在那里做"抢三十"的游戏。旦华从衣袋里摸出三十粒大豆，放在地上，叫真民、强生两人轮流去拿。每次只能拿一粒或两粒，谁能抢得最后一粒就算是赢了。强生和真民照样地做。结果他们两人各胜了一次。后来旦华、真民两个比赛，旦华一连胜了几次，真民、强生都奇怪起来，猜想内中定有秘诀，他们要求旦华说明。旦华道："玩时只要每次能拿得第三粒——三的倍数，就可胜了。譬如甲乙两人，甲拿一粒，乙便拿两粒；甲拿两粒，乙便拿一粒……这样一来，乙每次都夺得三的倍数（3，6，9，12，15，18，21，24，27，都是三的倍数）。到末了，一定能够得到最末一粒的。"他们听了旦华这番话，一连试了数次，果然不错。

三　算年龄

真民同旦华往强生家里去玩耍，正当玩得很高兴的时候，忽然来了个绿衣邮差，送到一封信，强生一看，原来是同学振华写给他的。信中告诉他一个推算年龄的妙法。强生心里非常

愉快，就把这个游戏告诉他的小朋友：“现在我有个猜年龄的妙法，暂时不讲穿，请你们两位给我试验试验，好吗？”旦华、真民都说赞成。旦华要求先试，强生答应了，叫旦华先把自己的年龄数写好，乘上 143，再把所得积数的末二位数目（即个位和十位），告诉强生。强生不知怎样一算，果然猜中了旦华的年龄数。旦华很是奇怪，请强生详细说明。强生说：“总而言之，把一个人的年龄数乘上 143，再把所得积数的末二位数目乘上 7，那第二次所得积数的末二位数目，就是这个人的年龄数。譬如，你是 13 岁，我方才已经猜中了。13 乘上 143，所得积数是 1859，末二位数目是 59。你把 59 告诉我；我拿 7 乘 59，所得积数是 413；去掉百位的 4，剩下的 13，就是你的年龄数了。”旦华大喜道：“这多么有趣呀！”

四　几个钱一两　几个钱一斤

大华家里来了几个客人，他的父亲叫他往街上去买些饭菜。大华走到街上，经过鱼行，就向卖鱼的买了几条鱼，分量共一斤三两。卖鱼的叫他付出一千五百二十文（一斤值钱一千二百八十文）。又经过肉铺，他进去买九十文一两的肉，共付出一千四百四十文。回家以后，父亲盘问他今天买鱼买肉一共用去多少钱。大华答道：“鱼价每斤一千二百八十文，买鱼一斤

4

三两，共付出一千五百二十文。买肉共付出一千四百四十文，但不知分量，只知九十文一两。"父亲接着问他："那鱼是几个钱一两？那肉是几个钱一斤呢？"大华答说不知道。父亲就告诉他两种简捷的暗算方法："要算出几个钱一斤，几个钱一两，可用五个手指来计算。刚才你买的鱼是一千二百八十文一斤。只要伸出五个手指，先屈大指，喊一千二百八十；次屈食指，喊六百四十（是一千二百八十的对半）；再屈中指，喊三百二十；再挨次屈无名指和

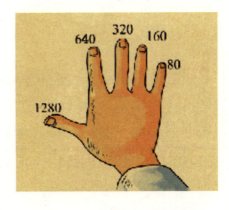

小指，喊一百六十和八十；那小指上的数目，就是你所要求的数目。你从此可以知道这鱼是八十文一两。一斤的价钱一千二百八十文，再加上三两的价值二百四十文，不就是一千五百二十文吗？假

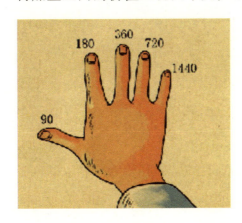

使要晓得买的猪肉几个钱一斤，已经知道了九十文一两，那也很便当的。

算法和刚才的相仿。先屈大指，记住九十文一两；次屈食指，便是九十加倍得一百八十；再屈中指，便得

三百六十；再屈无名指，便得七百二十；末后屈到小指，便得一千四百四十。那小指上的数目，就是一斤的价值了。你说付出一千四百四十文，就可知道买的肉恰巧是一斤。"

五　几时相会

振华有三个姐姐，她们都出嫁了。大姐姐离家最近，二姐姐远些，三姐姐最远。她们虽然出嫁，但是时常要回来看看母亲的。说起回家日期，很是有趣：大姐姐隔一天回家一次，二姐姐隔两天回家一次，三姐姐要隔三天回家一次。

十月初一日那天，大姐，二姐，三姐一起都回到家里，谈谈笑笑，很觉快活。第二天，她们又各自离家去了。

后来母亲喊着振华说："昨天，三位姐姐却巧同时回到家里，但是，不知道下次相会，应该在什么时候，你能算出来吗？"振华听了，拿了支石笔，在石板上画了个式子：

大姐：（1）、2、（3）、4、（5）、6、（7）、8、（9）、10、（11）、12、（13）。

二姐：（1）、2、3、（4）、5、6、（7）、8、9、（10）、11、12、（13）。

三　姐：（1）、2、3、4、（5）、6、7、8、（9）、10、11、12、（13）。

　　不多时，回答母亲道："三位姐姐下次相会，要在十三日那一天了。因为大姐姐隔一天回来一次，初一在家，隔一天不是初三又要到家吗？照此推算，初三，初五，初九，十一，十三，这几天她一定到家的。二姐姐是隔两天回来，初一在家，初四又要回来，依次推下去，恰巧也是在十三又要到家。三姐姐隔三天回来，初一在家，初五又要回来，依此推算，十三那天也是到家来的。"母亲听了，不住地称赞他聪明。

六　未卜先知

　　星期日那天，小村上一群小朋友都出来游玩了。国华是小朋友中最聪明的，常常有许多很好玩的游戏做出来。那天，他在田岸旁拾了许多石子，放在手里抛来抛去，很觉有趣。他对小朋友们道："我刚才拾得这些石子，忽然想到了猜石子的一套戏法。你们如果高兴，各人拾几块石子来吧！"话未说完，各人都争先恐后地拾了石子来，国华说道："我能猜石子的数目，有未卜先知的本领。请各位听我说明方法：先把石子搭成两个同式样的三角形——从一起头，挨次是二，三，四……由上而下排成等差数。假如两个三角形排成以后，再有剩下的石子，那就算是余数。"小朋友中有一个名叫大男的，他就依照国华所讲的，把石子排列如下图：排成两个三角形以后，还剩下七个。他把余数七告诉了

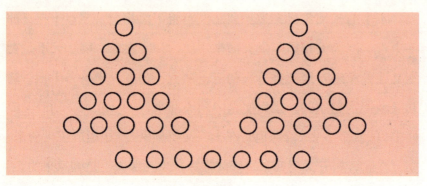

第一次

国华，国华又说道："你再把所有的石子排成一个正方形，如有余数，仍旧告诉我！"大男依法把石子排成一个正方形如下图，余数是一，就又告诉了国华。不到一二分钟，国华就把石子的总数报告出来，说是三十七，大男把石子数一遍，一点不错，确是三十七颗。大男很觉奇怪，便问道："怎么排了两次——排了两个三角形和一个正方形，就会知道总数呢？"国华索性把算法告诉给大家听，就说道："先拿第一次排的余数和第二次排的余数相减自乘，再加上第二次的余数，便是那总数了。刚才大男第一次排的余数是七，减掉第二次排的余数一，余六，六自乘得三十六，加上第二次排的余数一，不是三十七吗？"

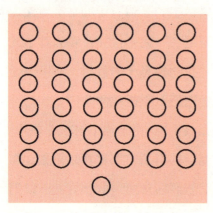

第二次

小朋友们经过国华这样一讲，都明白了。于是，各人便藏了一袋的石子，预备回去试验哩。

七　怎样倒油

　　从前有个农夫名叫阿根的，他上街去出卖家里多余的油。他一手提着盛满十斤油的一个瓶子，一手又拿着一个小小的空瓶。半路上遇见了一位老年人，手里也拿着一个空瓶。两个人攀谈起来，阿根才知道那位老人姓王，恰巧是去打油的，就说道："我正有油出卖。现在这大瓶里是整整的十斤。你预备打多少呀？王

（阿根的）　（王伯伯的）　（阿根的）

伯伯！"王伯伯回答道："我只要五斤便够了。"阿根想这个再巧也没有，分一半卖给他，不是很好吗？就问他那瓶子能装多少。王伯伯说道："我这个瓶子盛满刚刚七斤。"阿根于是踌躇不决起来了，他想："我这里虽然有个空瓶，又只能盛三斤，现在要分得平均，恐怕非称不可的了。"这时来了个小学生旦华，知道

他们没法分油，就愿意代他们解决这个难题。且华开始倒油。他先把大瓶里的油倒满了三斤的空瓶，再把三斤的油倒进七斤的空瓶里，此时大瓶里余七斤，中瓶里有三斤，小瓶依旧是空的，如甲图。第二次仍旧把大瓶里的油倒满了小瓶，再由小瓶倒进中瓶，结果是大瓶里余四斤，中瓶里有六斤，小瓶里依旧是空的，如乙图。第三次仍旧把大瓶里的油装满小瓶，再从小瓶倒进中瓶，把

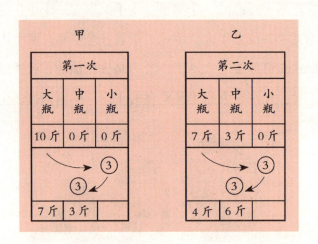

中瓶装满为止。这时且华抬头说道："现在这小瓶里只剩二斤，那大瓶里只有一斤了。"我们看丙图，就会明了。他又把中瓶里的七斤油全倒在大瓶里，小瓶里的二斤油全倒在中瓶里，这时大瓶里有八斤油，中瓶里有二斤，小瓶又是空的了，如丁图。末了，他又把大瓶里的油倒满小瓶，又从小瓶倒进中瓶。中瓶里原来有二斤，加上三斤，不是五斤吗？大瓶里原来有八斤，倒掉三斤，

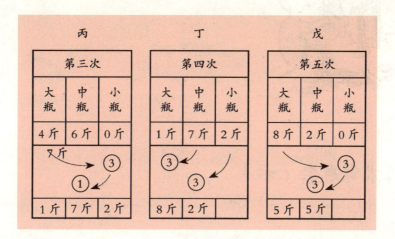

丙			丁			戊		
第三次			**第四次**			**第五次**		
大瓶	中瓶	小瓶	大瓶	中瓶	小瓶	大瓶	中瓶	小瓶
4斤	6斤	0斤	1斤	7斤	2斤	8斤	2斤	0斤
7斤 →③ ①←			③← ③←			→③ ③←		
1斤	7斤	2斤	8斤	2斤		5斤	5斤	

不也是五斤吗？如戊图。这样一来，不须用秤，就分得很准了。阿根和王伯伯见旦华这样分配，心里都非常佩服。他们谢过旦华，各自提着油瓶去了。

告读者

看本书的小朋友：

这本书里有许多算术游戏的方法，你们觉得有趣吗？

当你们看见每一个游戏法的时候，你们应该先想一想，自己能够有一个答案吗？倘使不能，那么只好看书里的答案。

倘使你们平时的算术成绩很好，便没有答不中的。请你们努力吧！

算术竞赛会（一）

　　智明学校的班级里，有一个小朋友，名叫智生。一天，到校时候还早，但是同级的小朋友，已有十多个在那里了，他就把昨晚方才做好的一副玩具，拿了出来：

　　这副玩具，共计有方形的纸片五十四张，上面各写着一个数字：写1字十张，写2字的二张，写3字的三张……写9字的九张。

10张	2张	3张	4张	5张	6张	7张	8张	9张
1	2	3	4	5	6	7	8	9

　　再有用厚纸做成，涂上墨色的记号五种，每种各十个。＋，－，（，〔，｛。

他对同学说："我能把相同的数字，分理成九处。把各相同的数字，用记号连接起来。可以得到许多不同的结果。+可以改作×，－兼可作除。如5/5等。其余三种，各用二个组成一个括号。现在你们看我来排吧。

$$1 \times 1 \times 1 \times 1 \times 1 \times 1 \times 1 \times 1 \times 1 \times 1 = 1$$

$$3 - \frac{3}{3} = 2 \qquad\qquad 5 - (\frac{5}{5} + \frac{5}{5}) = 3$$

$$2 \times 2 = 4 \qquad\qquad 6 - (\frac{6+6}{6} - \frac{6}{6}) = 5$$

$$4 + \frac{4+4}{4} = 6$$

$$7 + \frac{7+7}{7} - \frac{7+7}{7} = 7$$

$$\frac{9+9+9+9+9+9+9+9}{9} = 8$$

$$\frac{8}{8} + (88 - 8 \times 8 - 8 - 8) = 9$$

"最复杂而各种记号都用到的，如

$$99 - \{9 + 9 - [9 + (9 - \frac{9}{9})]\} \times 9 = 90$$

"诸位小朋友，可能把它次第排列出来，使它的结果等于0到100么？在排列的时候，应当注意：（一）每组只能用一种数字，不能把他数混入；（二）每组应当把同数字用完，譬如用到5要用五个就是。"

大家觉得很有趣，就争取着来玩，他们正在乱哄哄的时候，级任教师蔡先生走来了，他看见了，觉得很有意味，也就加入玩了一会。

过了一天，逢着周会谈话，蔡先生就提议说："智生新近自己做了一套算术玩具，想诸位小朋友都早已知道了。这种游戏是很有趣的，而且是很有价值的，能够增进不少的知识，所以我想在四星期后我们一同来举行一个算术游戏竞赛会，好么？"许多小朋友听了，都拍手赞成，并且请蔡先生宣布办法。

当时蔡先生就在黑板上写着：

算术游戏竞赛会办法

1. 材料由本级小朋友一同去搜集；

2. 所搜的材料要合于本级程度的；

3. 所搜的材料要自己能够算出来的，并且不能在别的书上抄来；

4. 尽三星期，把搜到的材料，交给蔡先生整理和审查；

5. 谁搜到一个合格的材料，得一分。谁解答一个问题，也得一分；

6. 得分最多的小朋友算优胜。

办法订定之后，各位小朋友都很努力地去找寻，交给蔡先生整理。

到了开会的前一天，蔡先生把合格的材料和搜集的人名，公

布出来：

1.	四个立方体。	明华
2.	巧组数字。	明华
3.	递数奇谈。	智生
4.	猜铜元。	智生
5.	猜你的心思。	智生
6.	原数多少。	智生
7.	猜棋子。	慧贞
8.	猜你的年龄。	慧贞
9.	猜你的生日。	慧贞
10.	猜你是哪月生的。	慧贞
11.	你心我知。	明惠
12.	兄弟年龄。	勇志
13.	牛的年龄。	文珍
14.	到底可种多少树。	秀云
15.	无秤称物。	馨桂
16.	乡人卖谷。	馨桂
17.	买卖汽车。	宝林
18.	买邮票。	宝林
19.	四个三角形。	智生
20.	三个正方形。	智生

21. 剪角。　　　　　　　　　　　珍仙

22. 剪合成方。　　　　　　　　　明华

23. 合成方圆。　　　　　　　　　智明

24. 移帽方法。　　　　　　　　　文生

25. 九子棋。　　　　　　　　　　馨桂

26. 排花方法。　　　　　　　　　仁善

27. 种树方法。　　　　　　　　　仁善

28. 八阵图。　　　　　　　　　　仁善

29. 巧妇分米。　　　　　　　　　秀云

30. 周游宿舍。　　　　　　　　　智明

31. 怎样过桥。　　　　　　　　　慧君

32. 均分宝物。　　　　　　　　　慧君

到了明天，大家都兴致勃勃地走到校里。把表演时应用的东西，整理了一会，铃声响了，蔡先生也就进来了。先由蔡先生说了几句勉励的话，然后挨着次序表演：

一　四个立方体

明华走到台上说："我把厚纸做成了四个立方体，第一个着红色，各面上写着 1，2，3，4，5，6 六个数字。第二个着青色，各面上写 2，3，4，5，6，7 六个数字。第三个不着色（白色），

各面上写 3，4，5，6，7，8 六个数字。第四个着黄色，各面上写 4，5，6，7，8，9 六个数字。我任意掷出之后，把红、青、白、黄四色排齐，便成一个四位数。这样一次一次地掷去，所成的四位数是很多的。诸位小朋友们，不妨拿来算算看，总共可掷出多少不同的四位数来？"

二　巧组数字

明华再说："我还有一张用厚纸做成的九宫格（如图一）。每格上有一个钉。再有九块小小纸牌，各块上面有一个小圈，可以挂在格子里（如图二）。并且各块上写着 1，2，3，4，5，6，7，8，9 九个数字。现在我要把它挂在格上，分成三组数，使得第二行等于第一行的二倍，第三行等于第一行的三倍。譬如第一行是 219，第二行是 438，第三行是 657，那么第二行就是第一行的二倍，

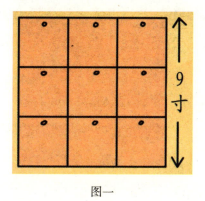

图一

图二

第三行就是第一行的三倍（如图三）。诸位小朋友，可知道除了这个方法之外，还有旁的排列方法吗？我们还可用另一个方法悬挂起来（如图四），可以使纵横斜各三数的和相同，这不是也很有趣的么？"

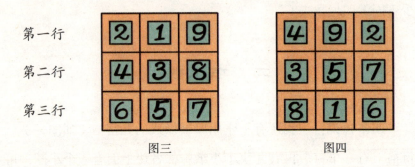

第一行　第二行　第三行

图三　　　　　　　　图四

三　逆数奇谈

智生走上台去，先拿了一支粉笔说："凡是一个数，第一位是 1，以后每位递升 1，到最高位，然后再递减 1，到末位是 1，为止。这个数叫作逆数。如 1234321 就是。"他一面说着，一面就在黑板上面写了出来。再说，"这个数，一定等于个位是 1，并且位数和最高数相同的一数的平方。譬如 $123454321 = 11111^2$。"说着，他又在黑板上写了出来。接着说道："并且我们若是把这个逆数的各位数字，相加起来，它的和一定等于最高一数的平方。例如 $1+2+3+4+3+2+1=4^2$。"随后也在黑板上写了出来，再说道：

18

"诸位小朋友啊！这是什么道理呢？大家不以为奇怪吗？如其有不信的，那么，不妨再试试！"

四　猜铜元

智生接着再说："我还有几种猜数的游戏，但是要请一位小朋友来试验的。"珍仙很喜欢地应着说："我来！"她就走上台去，智生便对珍仙说："你去暗暗地握着几枚铜元在手里，不要让我看见，但把枚数加上 2，用 3 去乘，再加上 1，再用 3 去乘，再加上原有的枚数。算好了以后，把结果告诉我，我便可以知道你手里有几枚铜元。"

珍仙依着智生的话，手里拿了几枚铜元，细细算过，对智生说："所算的结果是二百零一。"智生毫不迟疑地回答道："你手里有铜元十八枚！"

珍仙不知道是什么道理，心里很奇怪，说道："我们再来试一次！"她就拿了铜元三枚，默默地算着"3 加 2 是 5，三倍是 15，再加 1 是 16，再三倍是 48，再加原数 3，是 51。"算罢了便对智生说："结果是五十一。"

智生又应声答道："你的手里只有铜元三枚。"他接着再说："这是什么道理，诸位小朋友能够告诉我吗？"

明华站起来说道："你叫珍仙把原数三倍再三倍再加原数，

岂不是已把原数十倍了。再有第一次加2三倍，当多6，再加1三倍，当然是多了21。所以只要在结果上减去了21，再除去后面的一个0，就是手里所有的铜元数了，对么？"

五　猜你的心思

智生又对珍仙道："你若心里想定一数，三倍之，再六倍之，拿九去除，加上八，再拿二去除，减去原想的数，再拿九倍之。算好以后，也不要把任何一数告诉我。但说已经算好了。我便可以猜到你心里所算的结果是什么。"

珍仙乃默记一数，细细算罢，说道："已经算好了。"智生便答道："你所算的结果是三十六。"珍仙很奇怪地说道："你不是成了仙了么！怎么我的心思你也能够知道呢？我所想定的数是七，所算的结果，正是三十六啊。"

智生说："这也没有什么奇怪，因为你所想的原数，三倍再六倍，后拿九去除，再拿二去除，再减原数之后，早已没有了。所算的结果，不过8，拿二去除是4，再行九倍就是了。"

六　原数多少

智生说："我再有一个方法，可猜到你所想的数。你只要把原数加 4 和减 4，再把所得的两数相乘，告诉我乘积是什么就好了。"

珍仙算了一算说："积是 65。"智生便道："你所想的原数是 9。"

珍仙说："我有一数，加二和减二的积是 192。你能猜得出我所想的原数吗？"

智生说："可以的。你现在所想的数是 14，对吗？你只要看这个图，就可以明白是什么道理了。它的算法是在乘积上加所加或所减数的平方，再行开方就好了。"

七　猜棋子

智生完了之后，慧贞走上来，对珍仙说："我也想请你帮忙，可以么？"珍仙说："可以！可以！"慧贞便把三十枚棋子，授给珍仙说："你在这三十枚棋子里，任意取几枚，但对我说，拿二除余多少；拿三除余多少；拿五除余多少，那么我就可以知道你所取的棋子是多少枚。"

珍仙便任取几枚，随算随说："拿二除余 1，拿三除无余，拿五除也余 1。"慧贞算了一会答道："你所取的是二十一枚。"

珍仙问道："这是用什么方法算出来的呢？"慧贞答道："只

要把二除的余数乘 15，三除的余数乘 10，五除的余数乘 6。把三个乘积相加起来。如其总和比三十大，那么要递减三十，使得它小于三十为止。这便是你所取的枚数了。譬如：

$$1 \times 15 + 0 \times 10 + 1 \times 6 = 15 + 6 = 21$$

那二十一，就是你所取的枚数。"

八 猜你的年龄

慧贞又对珍仙说："你的年龄，我也可以用方法来算出。你只要任意想一个二位数，后面加上两个 0，减去你所想的数，再减去你的年龄，把结果告诉我就好了。"

珍仙就默记一个二位数是 56。后面加两个 0，成 5600。减去原想的数，剩 5541。再减去她的年龄 11，结果是 5533。便说道："5533。"

慧贞就拿了一张纸，一支铅笔，写着：

```
55  │  33
 +  │  55
────────   99 － 88 ＝ 11
88
```

说道："你的年纪是十一岁。"她再把这纸递给同学说："诸位小朋友，可知道这是什么道理啊？"

九　猜你的生日

　　慧贞再取出五张纸片，上面写着各种数字（如图）。对珍仙说："你的生日，发现在哪几张纸片上，告诉了我，我就可以知道你的生日在哪一天。"珍仙看了一会说："我的生日发现在乙、丁、戊三片上。"慧贞说："你是二十六日生的。"珍仙问道："这又是怎样算法的呢？"慧贞说："你只要把这五张纸片的第一个数字记熟，你说发现在乙、丁、戊三张上，那么这三张的首数是2，8，16。这三数的和，是 2+8+16＝26。那就对了。"

1	3	5	7
9	11	13	15
17	19	21	23
25	27	29	31

甲

2	3	6	7
10	11	14	15
18	19	22	23
26	27	30	31

乙

4	5	6	7
12	13	14	15
20	21	22	23
28	29	30	31

丙

8	9	10	11
12	13	14	15
24	25	26	27
28	29	30	31

丁

16	17	18	19
20	21	22	23
24	25	26	27
28	29	30	31

戊

一〇　猜你是哪月生的

慧贞又对珍仙说："你把你所生的月份数，乘上143倍，算时不要使我看见，算好之后，只要把末二位数告诉我，我就可以知道你是哪月生的。"珍仙算了一会说："29。"慧贞就拿笔在纸上算着：

$$29 \times 7 = 203$$

说道："你不是三月里生的吗？"珍仙很惊异地说道："你能算到人家的年岁、生月和生日，真有趣啊！"

一一　你心我知

她们走下来之后，明惠手里拿着一束纸片，走上去说："我方才做好了这副东西，可以猜到你们的心思。这是二十一张纸片，各片上写着一个数，是从1到21。"接着就交给一位同学说："请

你把这许多片子，任意颠倒翻乱之后，还给我。你先在这几数里面，想定一数，然后看我排在哪一行里，对我说了三遍以后，我就可以知道你预先想定的是哪一个数。"

这位同学依着明惠的说话做去。但看见明惠把二十一张纸片，排成三行。他说道："在第一行里。"明惠把它收起，重新排成功三行。他又说道："在第三行里。"明惠就再把纸片收起来，再行排出三行来。对他说："现在在哪一行里了？"他答道："现在仍在第一行里。"明惠就把第一行里正中一张，抽出来说道："你所想定的不是这个数吗？"

勇志不相信，请明惠再试了一次，结果仍旧被他猜中了。

秀云很奇怪地问道："这是用的什么方法呢？"明惠说："我第一次的排列，是任意的。你们说是在第一行，我在收起来的时候，把第一行的七张纸片，放在中间。第二第三两行，放在上下。第二次排出的时候，就依着次序再排，譬如第一纸放在第一行，那么第二纸放在第二行，第三纸放在第三行，第四纸再放在第一行……依着次序排好，你们再说在第三行，那么就把第三行的七纸放在中间，仍照上面的方法依次排出。你们说仍在第一行，那么这行正中的一纸上的数，一定是你们所想定的数目了。至于它的道理怎样，想诸位小朋友都是很聪明的，大概一想就可以知道了吧。"

一二　兄弟年龄

勇志说："今年我的年纪，是我弟弟年纪的二倍。但是我还记得，三年前，我的年纪，是弟年的三倍。请问诸位小朋友，今年我的年纪是几岁？我的弟弟是几岁？"

文生站起来答道："我能算的。因为三年前你年纪是你弟弟年纪的三倍。若是你年长三岁，而你的弟弟只年长一岁，那么今年当然仍是你弟年的三倍。但是事实上每人每年只能长一岁的，所以你今年只是你弟年的二倍了。就是你少长了三个两岁，便减了你弟年的一倍。[3×（3-1）＝6] 那么今年你弟年，当然知道就是六岁了。并且我们还可以知道：今年你是你弟年的两倍，那么你今年一定是十二岁了！"

一三　牛的年龄

接着就是文珍表演"牛的年龄"了。文珍就走上台去说："我乡有一个农夫，家里有一只牛，一个邻人想要买它，就问农夫说："你家的一只牛，今年有多少年龄了？"农夫回答说："今年我的年纪是牛的三倍，但是五年之前，我的年纪是牛的四倍。至于牛的年龄究竟是多少，那你自己去算吧！"邻人一时算不出来，

就不敢买了。诸位小朋友，能够替他们算一算吗？"

勇志应着说："这也是一样道理的，农夫若是年长四岁，那么今年也一定仍是牛年的四倍。现在少长了十五岁。[5×（4-1）=15]就减少了牛年的一倍，那么这牛的年纪今年一定是十五岁了。"

一四　到底可种多少树

秀云是一位年龄最小而很聪明活泼的女孩子。如今轮着了她，她就走上去先向各位同学一鞠躬，然后说："我家有正方形的空地一块，现在想在地的四周种树，各树的距离要相等。但知道一边可以种三十七棵，请诸位小朋友代我算算，一共要种几棵树？"

有一个小朋友站起来说："正方形的四周种树，它每角上的一棵，是两边合用的。所以我们计算起来，只要在三十七棵上先减去了一棵，然后再四倍就好了。一共要用一百四十四棵，对么？"

秀云说："不错！不错！"她就很喜欢地下去了。

一五　无秤称物

馨桂说："有一天，我在荒郊里散步，看见有甲乙两个童子军，

斫了一担木柴，用木棍挑着走来，也坐在这里休息着，后来听得他们商议着说：'我们可有什么方法，来称称看，今天所斫的木柴到底有多少重？'但是他们所带的，除了木棍和绳之外，再没有旁的东西了，所以我心里很奇怪，就坐在那里看他们怎样办。他们想了一会，便把木棍架在一棵小树的树桠间，两人各悬在木棍的一端，使得木棍平衡。再由乙童子军携着柴，挂悬在甲的一端，甲童子军却改悬在乙的一端，恰巧木棍也是平衡，甲童子军就说：

'我的体重是六十五斤，你的体重六十斤，那么这柴当然是十又十二分之五斤了！'我听了觉得这种算法真有趣。诸位小朋友可知道他们的算法是怎样的吗？"

智生想了一会回答说："木棍的两端悬着不等重的东西，而使它平衡。那么两端到树桠的距离，和各端所悬的重量，是成反比的，所以知道甲端和乙端的距离是 12：13。后来甲童子军改悬在乙端，它的重量知道的。所以甲端的乙童子和柴的重，就可以用一个反比式算出来了。"

$$12 : 13 = 65 \text{ 斤} : X; \quad X = \frac{13 \times 65}{12} \text{ 斤} = 70\frac{5}{12} \text{ 斤}$$

他一面说着，一面走到台上去，把上面的算式写了出来再说："这七十又十二分之五斤，就是乙童子军和柴的重量，在这数上减去了乙童子军的体重，那么岂不就是所斫木柴的重了吗？所以他们知道木柴的重，是十又十二分之五斤了！"

一六　乡人卖谷

　　馨桂再说："有一个乡下人，携着一袋谷到市上去卖。卖完了回家，在路上碰到一个邻人。邻人问他说：'你今天卖去了多少谷？'乡人回答说：'我只记得，第一次卖去了全袋的一半，又一升半。第二次卖去所余的一半，又一升半。第三次卖去第二次所余的一半，又一升半。我的袋就空了，连我自己也不知道一共有多少谷。现在你来代我算算吧！'邻人算不出来，只得走了。诸位小朋友，能代他算吗？"

　　智生又站起来说："我们只要看他说，第三次卖去所余的一半，又一升半，袋就空了。那么这一升半，当然也是一半了。所以第二次所余的是（1.5升 ×2 ＝ 3升）三升了，加上一升半，也当然是第一次所余的一半。所以第一次所余，是［（3升 +1.5升）×2 ＝ 9升］九升了。再加上一升半，当然是袋中的一半了。所以携出的谷是［（9升 +1.5升）×2 ＝ 21升］二斗一升了！"

一七　买卖汽车

　　宝林说："我的爸爸有一个朋友，在上海经商，先后买到汽车二辆，后来因为营业失败了，便把两辆汽车出卖，每辆售银

二千元。售出以后，细细计算，知道一辆恰巧赔去了原价的十分之一，另一辆恰巧赚到原价的十分之一，诸位小朋友可知道这人是赔还是赚，赚和赔一共多少钱？"

珍仙毫不思索地站起来说："照我看起来，他出售价既然同是二千元，赔赚又同是十分之一，应当是不赔也不赚。"宝仙说："不对！我们要知道：一辆是赚了原价的十分之一，是二千元，那么这辆的原价一定比二千元少。又一辆是赔了原价的十分之一，才是二千元，那么它的原价，一定比二千元多，它们的原价既然不同，那么，赚赔数当然也是不同的了。我们拿赚赔数相较，就可以知道是赚是赔多少了！"他说后，就在黑板上写着：

$$2000 \text{元} \div \left(1 + \frac{1}{10}\right) = 2000 \text{元} \times \frac{10}{11} = \frac{20000}{11} \text{元}$$
$$= 1818 \frac{2}{11} \text{元}.$$

$$2000 \text{元} - 1818 \frac{2}{11} \text{元} = 181 \frac{8}{11} \text{元}.$$

$$\text{答：一辆赚} \ 181 \frac{8}{11} \text{元}.$$

$$2000 \text{元} \div \left(1 - \frac{1}{10}\right) = 2000 \text{元} \times \frac{10}{9} = \frac{20000}{9} \text{元}$$
$$= 2222 \frac{2}{9} \text{元}.$$

$$2222 \frac{2}{9} \text{元} - 2000 \text{元} = 222 \frac{2}{9} \text{元}.$$

$$\text{答：一辆赔} \ 222 \frac{2}{9} \text{元}.$$

$$222\frac{2}{9}元 - 181\frac{8}{11}元 = 40\frac{11}{9}元 - \frac{8}{11}元$$

$$=40\frac{121}{99}元 - \frac{72}{99}元 = 40\frac{49}{99}元.$$

答：这人是赔去 $40\frac{49}{99}$ 元。

一八 买邮票

宝林再说："邮局里有一个卖邮票的人，常常自称聪明，有一天有一个人，手里拿了银币一元走来对他说：'我要尽这一块钱，买半分、一分、四分和二分的邮票四种。但是二分邮票的数，要三倍于四分邮票，一分邮票的数，又要三倍于二分票数，其余都购半分邮票。但是总数要是一百张的，请你分配给我吧！'弄得那卖邮票的人，一时说不出话来。诸位小朋友能够代他分配么？"

许多同学想了好久，慧贞站起来说："我知道了！假定说买四分邮票一个，则二分票要三张，一分的要九张了。这三种叫作一组，张数是十三（1+3+9=13）。价值是一角九分（4+6+9=19）。若是尽先购买，可以得到五组，多五分钱，买半分邮票，可以得到十张，但是总数只有七十五张（13×5+10=75）。还少二十五张。若是把一组换买半分邮票，恰巧可以多得二十五张（2张×19-13张=25张）。所以只要买四分一分和二分邮票四组。多余的二角四分钱，再买半分邮票，岂不是就行了么？他的分配方法是：

31

四分邮票四个，一分邮票三十六个，半分邮票四十八个，二分邮
票十二个。"

　　表演到这里，时候已经不早，还有许多节目只得待下午再表
演了。

算术竞赛会（二）

到了下午，有许多别级里的同学知道了，就来要求蔡先生说："我们要请求旁听！"蔡先生就同本级同学商量，下午改在大会堂里举行。并且请各位先生，和各级同学来指教。

时间到了，他们就继续进行。这时候因为参观的人多了，所以他们表演起来，格外有兴味。

一九　四个三角形

智生走到台上说道："诸位先生，诸位小朋友，我的智力很薄弱，所说或有错误的地方，要请指教的。"他说时，就拿出自己用竹做成功的大火柴六根（像图一），说道："现在有火柴六根，我想要把它排成功四个正三角形，但是排的时候，不能够把火柴折断。并且火柴的各头，要互相连接的。诸位小朋友，能够想出该用什么方法吗？"

图一

大家想了好久，都觉得没有方法，慧贞就站起来说道："我们实在想不出了，请你告诉我们吧！"

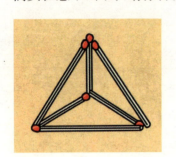

图二

智生说："我们只要把这六根火柴，搭成功一个正三角锥。"一面说，一面把这六根火柴，搭成功图二的样子，指着说："各根火柴是这个三角锥的棱，是各两面互用的。那么岂不是就成功了四个正三角形了么？"

二〇　三个正方形

智生又拿出十一根火柴来说道："现在一共有火柴十七根了。我把它排成功六个正方形，像图一。"他一面在黑板上画了出来，说："我为便利起见，各根火柴给它一个名字。"也在黑板上注出了说："我们拿去五根，可以使它成功三个正方

形。若是拿去六根，也可以成功三个正方形。或者是拿去七根，也要使它成功三个正方形。若是再多拿去一根，把所余的九根，也要搭成功三个正方形。诸位小朋友，你们可知道用什么方法的吗？"

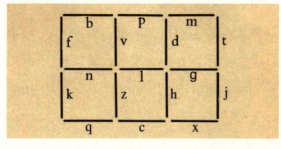

图一

各同学想了一会，都答不出来，只见明华站起来说："若是拿去 b，f，m，t，c 五根，就可以成功三个正方形；若是拿去 p，m，d，t，l，c 六根，也可以成功三个正方形。若是拿去 b，p，m，f，v，d，t 七根，也成三个正方形。若是拿去了八根，那么只要把所剩的九根，搭成功一个正三角柱（像图二），当然是也有三个正方形的啊！"

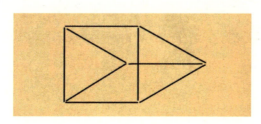

图二

二一　剪角

珍仙说："我前天问我的妹妹说，我有三角形的纸一张，若是剪去了一个角，还剩几个角？妹妹说：'还剩二个角，三减一，不是二么？'我就把一张三角形的纸，剪去了一个角（如图一）给妹妹看说：'到底还剩几个角啊？'妹妹说：'哈哈！怎么会变四个角呢？'我再说：'若是再拿一张三角形的纸一剪剪掉了二个角，那么还剩几个角？'我的妹妹想了一想说：'还剩五个角。'我说：'怎么会变五个角呢？'妹妹说：'你剪掉一个角，就多一个角，那么剪掉二个角，当然要多二角了。'我说：'又不对，你再看吧！'我就剪给她看（如图二），说：'你看不是仍是三个角吗？'诸位小朋友这不是很有兴趣的么？"

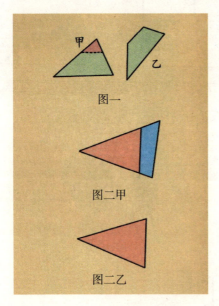

图一

图二甲

图二乙

二二　剪合成方

明华拿出甲、乙、丙、丁四张纸，形状像下图，对他们的同学说："这四张纸，甲是一个矩形，高是底的二倍；乙是一个直角三角形，高也是底的二倍；丙是一个三角形，底是高的两倍；丁是一个梯形，上底下底的和，是高的二倍。我要用一

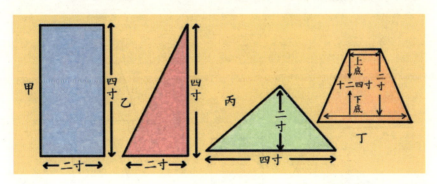

把剪刀，把这四张纸，各一剪，剪成几块，然后各拼成功一个正方形，诸位小朋友会剪么？"勇志说："我能够的。"他就把甲纸（如甲图一）对折成功二个正方形，再对角一剪剪成功三块，拼成一个正方形（如甲图二）。再把乙纸（如乙图一）使 b 重于 p 一折，就折痕一剪，剪成功二块，也可以拼成功一个正方形（如乙图二）。后来拿丙丁两块，想了好久，却想不出什么剪法。只得说："这两块我不会剪了！"

慧贞接着站起来说："让我来剪吧！"他把丙纸（如丙图一）

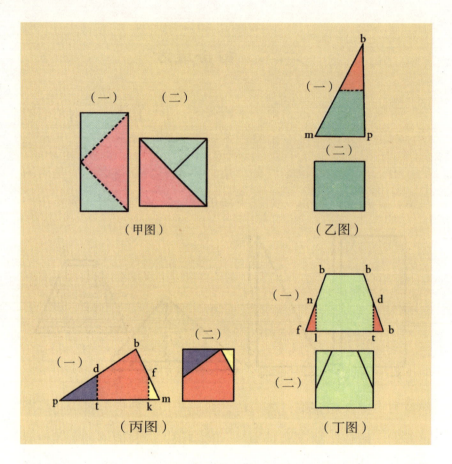

使 b 重于 m 一折，得 f 点。就 f 一折，使 pm 两边齐。得着 fk 折痕。再使 b 同 p 一折，得 d 点。就 d 点一折，使 pm 边齐，得 dt 折痕。再使 fk、dt 去两折痕相重一剪，剪成功三块，拼成功一个正方形（如丙图二）。他再把丁纸（如丁图一），用同上次相同的方法，得着 dt，nl 为二个折痕。再使两折痕相齐，一剪也剪成功三块，也拿来拼成一个正方形（如丁图二）。

二三　合成方圆

　　智明在身边拿出厚纸片两块，甲块的长是阔的二倍，乙块的阔是长的四分之三，对着他的同学说："诸位小朋友，谁能把这两张纸片，各切成四块，再把它拼起来，成功一个中空的方圆吗？"大家想了一会，都不知道怎样剪法，就请他宣布方法。

　　智明就把甲纸照甲图一的样子，切成 b，p，m，f 四块。再把这四块拼成甲图二的样子。就是一个方圆了。

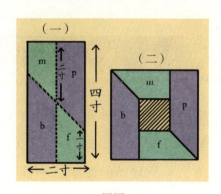

甲图

　　他再把乙纸照着乙图的样子，切成 b，p，m，f 四块，也拼成功了一个方圆（如乙图二）。

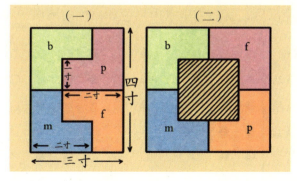

乙图

二四　移帽方法

　　文生说："教员办公室里，有帽架一只，上面有十二个钉，可以挂十二只帽子。一天，有十位先生同时在那里办公，各人把帽子挂在架子上，恰巧五只是瓜皮帽，五只是呢帽，并且位置也恰巧互相间着，而空一头的二个钉（如图）。诸位

小朋友，你们可能够用最少次数，把它们移分两类吗？但是移的时候，应当注意：（一）每次只能够动邻近的两只帽子。（二）所移动的帽子，不能够暂时放在别的地方，一定要立刻放在空钉上。"

　　他说完以后，就在袋里拿出黑色和白色的围棋子各五枚说：

原来地位	●	○	●	○	●	○	●	○	●	○	×	×
第一次移动	●	×	×	○	●	○	●	○	●	○	●	●
第二次移动	●	●	○	○	●	○	×	×	●	○	●	●
第三次移动	●	●	○	×	×	○	●	●	●	○	○	●
第四次移动	●	●	○	○	●	●	●	●	×	×	○	●
第五次移动	×	×	○	○	●	●	●	●	●	●	○	○

"现在我们为便利起见，可以拿棋子来代帽子。黑子代表瓜皮帽，白子代表呢帽。"各同学想了好久，智明立起来说道："我想到了一种，不知道对不对，让我来试试吧！"他就照着下面图上所表示的方法，用五次的移动，果然把原来相间的呢帽和瓜皮帽，各各移分在一处了。

二五　九子棋

馨桂拿着自己做成的一个棋盘，和九枚棋子，走上台去，棋盘上画着一个五角星形（如图一）。棋子分青，白，红三色。每种颜色有三枚，青色子上各写一个九字，白色子上各写一个子字，红色子上各写一个棋字（如图二）。

图一　　　　　　　　　　图二

他对同学说："你们可能把这九枚棋子，摆在这个棋盘的交点上么？摆的方法，是先拿一子，点定一处，嘴里喊'九子棋'三字。喊时把棋子在一直线上移动。九是起点，子是越过的地方，棋是下子的地方（如图三）。但是应当注意：起子和下子的地方，不

能有子，并且一定要在一直线上进行，摆完之后，还要使各种颜色相间，并且可以分成三部，各部里都有'九子棋'三个字。"

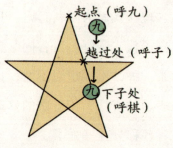

图三

珍仙上去试了好几次，始终不能摆出，馨桂就告诉他说："我们假定 b, p, m, f, v, d, t, n, l, g 是星形的十个交点（如图四）。第一子从 p 点起，下子在 b。那么第二子一定要从 m 点起，下子在第一子的起点 p 处。第三子一定要在 f 点起，下子在第二子的起点 m 处。总之，下一子的下子处，就是这一子起子的地方。照着这个方法摆去就好了（如图五）。并且要注意：应当先用同色三子，然后用他色三子，再用其他三子，方才可以使得各色相间，而且三部各有'九子棋'三字。"

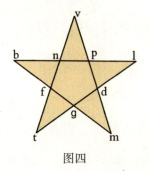

图四

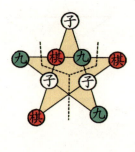

图五

二六　排花方法

　　仁善说："我从前在启文小学里读书，有一天，我级里师生共同搜集到花卉二十盆，大家就商量布置的方法。当时我们的算术先生提议说：'我想我们只要用花十九盆，却要排成功九行，每行要有花五盆。谁先能排出的，就把所余的一盆赏给他。诸位小朋友以为怎样？'大家拍手赞成，所以就开始研究了。半小时之后，奖品给一位最聪明的同学得去了。诸位小朋友，可知道应当怎样排法的吗？"

　　明惠想了一会，就在纸上画了一个图样（如上图）。走上去对仁善说："这样子排法对么？"

二七　种树方法

　　仁善再说："启文学校的校园里有空地一块，想添种树木，当时就买了二十一棵白杨。有一位算术先生说：'我们要把这二十一棵树，种成七行，每行要有六棵。'布告出来，征求小朋友们解答。但是一天过了，却没有人能够想出方法来。直到明天

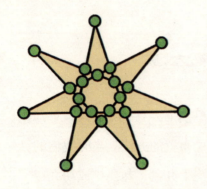

早上有一个聪明的牧童，跑到校里来玩耍，看见了这个征求，就在这张纸上画了一个图样。先生们看见了，都赞他非常聪明，就允许他免费来校读书。诸位小朋友，可知道他所画的图样是怎样的吗？"

智明走上去在黑板上画了一个图（如上图）。对仁善说："这个样子对么？"

二八　八阵图

仁善又拿出棋子六十四枚，放在台子上，分做八堆，每堆有八枚，排列成功一个方阵（如图一），对同学说："这个方阵，计算它四边，各有棋子二十四枚。我若是在总数里拿去了几枚，再移动了几枚，可以使它的四边仍旧各有二十四枚。或者加上几枚，再移动几枚，也可以使得它的四边仍旧各有二十四枚，现在我假定要拿去八枚，或者加上八枚。诸位小朋友可知道移动的方法么？"

慧君站起来说："我们若要减去

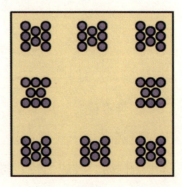

图一

44

八枚，它的方法很多。现在只说一种，先
在左右两边正中的二堆上，各取去四枚。
因此左右两边都减少了。但是我们知道，
若是把上下两边中堆的棋子，移放在左右
角上，对于本边总数没有变动，但却可以
增加左右两边的总数的。所以我们只要上

图二

边中堆上，拿去四枚，分加在上边的左右角上，再在下边中堆上，
也拿出四枚，分加在下边的左右角上，就好了（如图二）。"

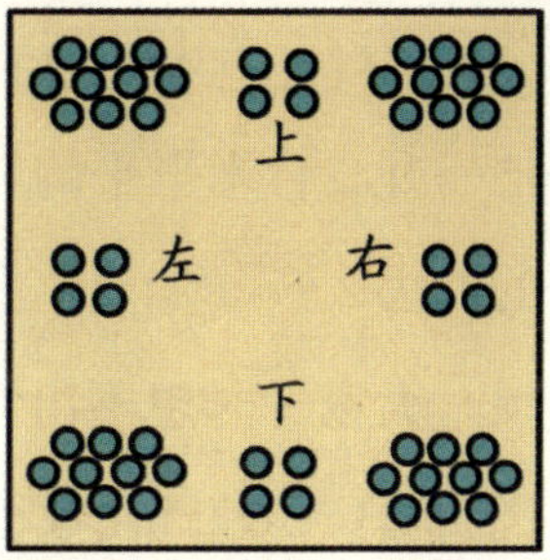

他停了一下，接着再说："我们若是要加上八枚，那么只要

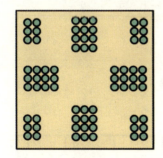

图三

先在左右两边的中堆上，各加上四枚，
再在左右上角的两堆上，各取出二枚，
加在上边的中堆上，再在左右下角的两
堆上，也各取出二枚，加在下边的中堆
上就好了（如图三）。至于它的道理，
恰像上面所说的相反，所以也不必说了。"

二九　巧妇分米

秀云说："某甲家里很穷，一天工作完了，回家在路上，买
了米一升二合，想分做两天的粮食。但是在家里找到二只纸匣，
一只能够容米五合，一只能够容米七合。想了好久，不知道怎样

分配才好。后来他的妻子知道了，就代他分配。一共倒了十二次，把一升二合米平平均均地分成二份了。诸位小朋友可知道她分配的方法么？"

大家一时想不出方法来。秀云就说道："大家看我画个图来说明吧！"她就在黑板上写着：

原量	第一次	第二次	第三次	第四次	第五次	第六次	第七次	第八次	第九次	第十次	第十一次	第十二次
甕 12	7	7	2	2	9	9	4	4	11	11	6	6
7 0	0	5	5	3	3	7	0	1	1	6
5 0	5	0	5	3	3	0	5	1	1	0	5	0

三○　周游宿舍

智明说："某校里有宿舍一座，一共有十六间，间间互相通连，像这个图。"他说时就拿一张图出来，（像图一）说："一天，有一个人独自在宿舍里，忽然想着要游览全舍。但是他自己规定，每室只能够经过一次，末后仍旧回到原室。

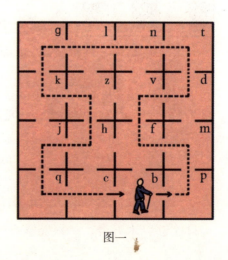

图一

他想了好久，得着一个法子。是由 b 室起，到 p，m，f，v，d，t，n，l，g，k，z，h，j，q，c 十五室，末后仍旧到 b 室。所走的路径，好像是这图里的虚线处，但是除了这个走法之外，还有许多方法，请问诸位小朋友，到底还有几种方法啊？"

三一　怎样过桥

慧君说："有一天，我走到乡下去探望亲戚，在路上看见一个人，一手托着一升米，一手携着一只鸡，后面随着一只狗，一同顺路走着。

"鸡要吃米，狗要咬鸡。因为有人保护着，所以很平安。

"走了一会，碰着一顶独木桥，必定要一手扶着栏杆，方才能够走过。因此每次只能携带一物。但是他想先带米去，狗要咬鸡，先带狗去，鸡要吃米。一时实在想不出什么好方法来，只得坐在地上呆着。

"恰巧这时候，有一个牧羊童子走来，问他，他就把为难的缘故对牧童说了。牧童想了一想说：'你可以先把鸡带过去，回过来，再把狗带去。把狗放下，把鸡带回来。放下了鸡，把米带过去。放下，再回来把鸡带去，那不是安安稳稳地过去了么？'

"我听了，觉得很有趣。诸位小朋友以为怎样啊？"

三二　均分宝物

慧君再说："从前有一个富翁，很爱装饰。他的寝室里有一只台子，台面是用黄金造成的，上面还嵌着四颗光明灿烂的金刚石和四块红宝石。所嵌的位置，像这个图。"他说时，就拿出一个图来（如图一），给各位同学看。他再说："这富翁有四个儿子。他因为年纪老了，就对他的儿子们说：'你们可想一个法子，把这一只最贵重的台子，分成相等而形状相同的四份。并且每份上要有一颗金刚石和一块红宝石。那么我就立刻分给你们。否则呢？我预备把它丢掉了，以免掉你们将来的争夺，伤了和气。'

"四个儿子听了，都目瞪口呆，说不出话来。诸位小朋友啊！你们可能想一个法子，把它平平均均地分成功相同的四份来么？"

⊕金刚石　🔴红宝石

图一

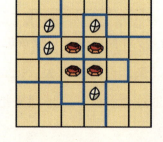

图二

智明想了好久，得着了一种法子。他就站起来说："我现在有一种法子，可以拿它分成形状相同的四份。"他说罢就走到台上在黑板上画了一个图（如图二）。说："我们看，粗线所分成的四块，形状不是相同的么？并且每份里恰巧各有一颗金刚石和一颗红宝石。这不是就好了么？"

三三　打不尽的一粒算珠

他们表演完了之后，就请蔡先生有空的时候，把各人所得的分数评结出来。并且因为时候还早，所以要求蔡先生也加入一两节。蔡先生推却不过，只得答应了。

他就说："诸位小朋友，我有一个问题，名叫一粒算珠，也不能说是游戏，不过是一件小小的笑话罢了！"他拿了一个算盘又说："这是一个十一位的算盘，我现在想在最右边的一位上，一粒一粒地加上去。到满十就进一位拨一。照这个样子，拨下去，等到最左边的一位上有了一粒算珠为止。诸位小朋友谁能够拨啊？"

大家听了，都以为是很容易的一件事，齐声说道："我能够，我能够的！"蔡先生接着说："且慢！我现在先请一位珠算最纯熟的小朋友来，打五分钟看。一共能够打多少？"大家就推定智明去担任这一个事情。

五分钟到了，大家看他恰巧打到五百。蔡先生说："好了！我们大家看，十一位算盘最左边的一粒算珠。我们也可叫它作一百万万（10，000，000，000）。要打一百万万个一，方才到这一粒。现在智明五分钟打五百个一，就是一分钟打一百，那么要打到这一粒一定要一万万分钟了。

一小时有六十分钟，一天有一千四百四十分钟，一年有五十二万五千六百分钟

（100000000 ÷ 525600 ＝ 190.25875）

所以一个人即使吃也不吃，睡也不睡，从幼小的时候起，整日整夜地拨。那么也要活到一百九十岁多些，方才能够拨到这一粒哩！诸位小朋友能够么？"大家听了，都吐着舌头喊着："奇怪！奇怪！"

三四　数学棋

蔡先生再说："我还有一份数学棋的讲义，现在可以分送给诸位小朋友，留着做一个纪念品，或者可以照着法子去做一副，倒也是一件很好的玩具呢！"

（甲）用具做法。——把厚纸剪成圆形十八个（直径约二厘米）。当作棋子，先拿九子，一面糊着红色的彩纸，作为正面；一面糊着黄色的彩纸，作为反面。各面写着数字如下：

再拿其他九子，一面糊绿色彩纸作为正面，一面糊白色纸，作为反面。各面写的数字如下：

棋盘的做法，是拿正方形的厚纸一张。每边的长，大约从一尺到二尺。上面糊着一张白纸，再拿黑线画成棋盘的样子，形状像图一。

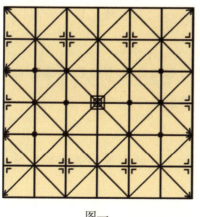

图一

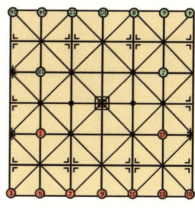

图二

（乙）名称和布阵法。——我们就十八枚棋子正面的颜色上，分成二军。红色子上面写的是奇数，叫作奇军。绿色子上面写的是偶数，叫作偶军。两军布阵的形式像图二。

（丙）着法——数学棋的着法分条写在下面：

1. 各子只能在一直线上进行，步数不定，但是不能越过他子，和棋盘的中点。

2. 胜敌的方法有二种，一种叫夹，就是把我的二子，去夹敌军的一子；一种叫挑，就是把我的一子，去夹在敌军二子的中间。

3. 胜算的方法如下：（一）我拿一子或二子去挑或夹敌军的二子，使敌军等于我子的倍数，或约数，就算我胜。（二）或求敌军和我军的总和，偶军拿三十为胜，奇军拿二十七为胜。（三）奇军的一，或偶军的二，去挑敌军的二子，虽是倍数，不能算胜。须照第二法看它们的总和，是二十七或三十的然后算胜。

4. 得胜之后，便把所夹或所挑的敌子反转，作为俘虏，供我军的驱使。

5. 所得的俘虏，要送到自己的都城之后（自己一面的九个黑点），方才可以同己子一样，去算胜敌子。

6. 送回俘虏，也要依法进行。

7. 有时敌子已经为我所算，但是一时未曾知道。那么敌子在一着之后，可以来反算我子。

8. 所夹或所挑的子，一定要在一直线上。

9. 正中一点，须有俘虏八个之后，才能通过。但是仍不能占据的。

10. 着到敌子均为我所算，完全做了俘虏，乃算全胜。

蔡先生教我们两种方法后，大家拍掌欢迎，然后散会。

小小音乐家

一 怎样唱歌

　　大文有位弟弟名叫大生，他从小就很顽皮的。有一天，他的父亲从街上买来一口小喇叭，一个小铜鼓，还有一支小笛子。大生看见了，不觉喜欢得手舞足蹈，随手拿铜鼓来敲，拿喇叭笛子来吹，忙到不亦乐乎。原来大生是很喜欢音乐的。——他从小就会唱许多山歌，像"东边马来，西边牛来"，"天竹枝，万年青"等的歌曲，他嘴里唱得透熟的。有一次，他看见他的哥哥手里拿着一本唱歌书，上面写着"123，123"等许多数目字，哥哥看着

书唱，唱得很好听。大生问道："这是算术上用的数字，为什么可以唱呢？"哥哥道："这不是算术上用的阿拉伯数码字，它是用来代替唱歌的声音的，1念哆，2念来，3念米，4念发，5念索，6念拉，7念梯。有时数字上面加一点，就唱做高音；数字下面加一点，就唱做低音；没有点子的，就唱中音。所以只须用七个字，可以记各种的声音。还有数字下面的直线，是表快慢的。线多处唱得快些，线少处慢些，没线处更慢些。简单的歌谱，大半是这样记的。"大生听见哥哥告诉他这许多道理，就请哥哥唱一曲试试：

*   *   *   *   *

小妹妹

1 3 5   1 3 5 | i i 6 i | 5 —|

小妹妹，小弟弟，脸孔笑嘻 嘻。

6 6 5 | 6 6 5 | 6 5 5 3 | 1 —‖

我爱你，我爱你！我来抱抱 你！

自从大文教了大生唱歌以后，大生就问先生要唱歌书看。先生说："你懂得唱法吗？好！来试试看！"先生就拿一本音乐课本指一首《菊花歌》叫他唱，他都会唱了，先生说他很聪明。

* * * * *

G 调　菊

5 | 1.123 | 2 — 0 5 | 3.321 | 7 — 0 |

一　阵阵秋风　凉，　一　条条柳枝　黄。

1 | 3.344 | 5.435 | 1.135 | 3.21 |

一　片片桐叶　飞　扬，一　朵朵菊花　傲　霜。

又指一首《踏歌》叫他唱：

* * * *

D 调　踏歌 $\frac{2}{4}$

53 | 53 i6 | 53 21 | 51 | 3 34 |

快乐，快乐，做完 工作，大家 来踏 歌：弟弟

53 i6 | 53 21 | 26 | 5 55 |

哥哥，姐姐 妹妹，脚声 歌声 和，也啰

53 ii | i6 66 | 65 43 | 2 55 |

啰啰！也啰 啰啰！也啰 啰啰 啰啰 啰！也啰

53 ii | i6 66 | 55 77 | 1 |

啰啰！也啰 啰啰！也啰 啰啰 啰啰　啰。

56

二　电线上的鸟

简单的歌谱，大生已经会唱了。有一天，他看见先生拿一本大的唱歌书放在风琴上。那本唱歌书上，不写1 2 3 4……只有许多线和点子。大生自言自语道："哎！这倒像电线上停着许多小鸟哩。为什么满纸都画这种画呢？"先生听了，哈哈大笑。大生问道："先生为什么这样好笑？"先生道："你说的话实在好笑哩，这不是电线上的小鸟，这是歌谱呀！"大生说："咦！歌谱为什么不写1 2 3 4，却画画呢？"先生说："你从前唱的叫作'简谱'，就是简单的歌谱；现在用线和点叫作'正谱'，就是正式的歌谱。"大生又问道："那么，这许多线和点，怎样会看得清楚呢？"

先生说："你要学，先看简明的谱。这里（看下图）是五条直线，从下面数上去，第一线上的点子表明唱3音；第二线上的

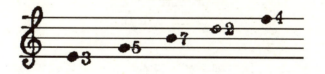

点子唱5音；第三线上的点子唱7音；第四条上的点子就是2音；第五线上的点子就是4音。看惯了，间距小点也很容易的。"大生问道："这五线记了五音，其余的音怎样？"先生说："有方法哩。记在第一线下面的点子，就是2音；2音的点子下再加一

短线就是 1 音。看下图，记在第一第二线中间的点子就是 4 音，第二第三线中间的就是 6 音……依次推上去，记在四五线中间的

就是 3 音，这样我们用五条线和四个空间，共总可以表明十一个音了。你能唱吗？"大生又问："还有些点子拖着一条尾巴，有的朝上，有的向下，是什么意思？"先生道："这是表明音的快

慢的。比如下面的图里，有三个音，一个 1 音尾巴上没有线，而两个 2 音各有一线，就是他们要表明 2 比 1 音快一倍，好像简谱

上的 1 2 2 一样。尾巴朝上朝下没有一定，大概第三线以上的朝下，第三线以下的朝上。"大生又问道："这个我都明白了。还有五线谱左面开端画着像蜗牛壳一样的东西（如右图），和点子左面的反 7 字 1，还有些点子是空白的，点子右面又有小点子，这些又是什么意思？"先生答道："像

蜗牛壳一样的东西，叫'高音部记号'，一定要从第二线上写起。另外还有一种'低音部记号'，像 𝄢：，一定要写在第四线上，旁边两点夹着第四线。这种音，你们还不大会唱哩。反7字 𝄾，叫作'休止符'，和简谱上的○一样，表明休息的意思。中间空的点子 ♩ 是'二分音符'，和简谱里字后带着'——'的一样，比中间不空的点子 ♩ 加长一倍，中间不空的点子叫作'四分音符'。至于点子右边的小点，也和简谱中小点一样，是要延长一半的记号。譬如下图的二个音，就和简谱上的 2—·2 一样。"大生听了以后，很快乐地说："我明白了，请先生把唱歌书给我，让我试唱！"先生就拿了一本音乐课本给他，他先唱下面的一首《再见》。

* * * * *

再见

桃　花片　片，落在水　面。

水　流花　谢,春就去　了。

可爱的春　光呀！明年再　见！

59

唱完了，他问先生唱得对不对。先生说："大部分已经对了，再唱一首试试看！"他又唱了一首《我要》。

* * * * *

我 要

我要我的 身体强健， 清洁运动

勤俭。 我要我的 学问进步， 努力用功

向前。腐败欺诈 骄傲， 我要样样 不犯；

诚敬活泼 和善， 我要样样 俱全。

三 五六工尺是什么

有一天，大生跟着哥哥到乡下姨母家里去玩耍。那时正是夏末秋初，到了晚上，乡下人个个出外乘凉。在月光皎洁、微风吹着的时候，村头屋角，到处都有小曲歌声。大生的表兄就

拉着胡琴和他们合起来，再有许多人唱着"五柳，五柳，尺工尺"。大生不知他们唱的什么。后来他问表兄，表兄就拿一本簿子给他看，他看见上面写的都是"五六工尺上……"等的字，他又问表兄道："我们唱的歌谱都是 1 2 3 4……，为什么你们要唱五六工尺上……？"表兄说："我们中国的老乐谱，不是用 1、2、3、4……记出来的，是用上、尺、工、凡、六、五、乙七个字记出来的。假如是高音，写作'仩、伬、仜、仮、伏、伍、亿，'中音写作'上、尺、工、凡、六、五、一'，低音写作'上,、尺,、工,、凡,、合、四、一'，这也是歌谱，名称叫'工尺谱'。"

大生说："我还不大明白，请表兄唱唱看。"表兄就唱了一支小曲，名叫《欢乐歌》：

* * * * *

工ˣ六上°四　六ˣ工°六　仩ˣ伬°仩五　六ˣ
工°六　六ˣ仩°五　五ˣ六工°　上ˣ尺工°尺ˣ尺工
°尺　上ˣ仩°五仩ˣ　五仩°伬仩ˣ五　仩°仜伬ˣ仩
五°　六ˣ工六°工　五ˣ五五°工上ˣ合°四上ˣ

大生又道："这工尺谱上有 ˣ 和○，是什么意思呢？"表兄道："这叫作'板眼'，就是你们所说的拍子。那板眼的记法，从右到左横写的，那板眼记号应写在工尺的上面；从上到下直写

61

的，那板眼记号应写在工尺的右边。"大生道："请表兄用笛子吹给我听听，好吗？"表兄缓缓地吹了两遍，大生忙说："我已能用简谱把《欢乐歌》译出来了，你听我唱得对不对？"

* * * * *

$$3\ 5\ |\ \dot{1}\ 6\ |\ 5\ 3\ 5\ |\ \dot{1}\ \dot{2}\ |\ \dot{1}\ 6\ |\ 5\ 3\ 5\ |\ 5\ \dot{1}\ 6\ |\ 6\ 5\ 3\ |$$
$$1\ 2\ 3\ |\ 2\ 2\ 3\ 2\ |\ 1.0\ |\ \dot{1}\ 6\ |\ \dot{1}\ 6\ |\ \dot{1}\ \dot{2}\ \dot{1}\ 6\ |\ \dot{1}\ 3\ \dot{2}\ \dot{1}\ |$$
$$6.0\ |\ 5\ 3\ 5\ 3\ |\ 6\ 6\ 6\ 3\ |\ 1\ 5\ 6\ |\ 1.0\ \|$$

四　哪个唱得好

　　大生的一级里，许多小朋友大都喜欢音乐。有一天，他们要比赛唱歌，特地请那教别级音乐的李先生来做评判员。李先生很高兴地答应了。参加比赛的小朋友一共有七个。他们比赛的歌名如下：

　　1. 呀，春天去了哟………（大生）

　　2. 火钟………………（一鸣）

　　3. 啊哟有趣……………（旦华）

　　4. 足球的欢声…………（大文）

　　5. 四野都是好音乐……（振民）

　　6. 寒衣曲………………（爱华）

7. 欢迎新年来……………（小平）

8. 春风…………………（全体）

　　课后四时，那比赛会开幕，公推大生做主席，报告开会宗旨，后由李先生致训词。那天的来宾，除一二年级的小朋友外，中年级、高年级的同学，喜欢音乐的也都到会。比赛时，规定各个人独唱，不用风琴伴奏，因为弹了琴，批评起来就不易准确。他们一个个挨次唱下去。唱毕后，就请李先生批评。李先生说："各位都是善于唱歌的，这一次的比赛，成绩都不差。不过细细批评起来，也有几个人有些缺点。如爱华唱的《寒衣曲》，有时有不正确的伴音；一鸣唱的《火钟》，带些不自然的鼻音；大文唱的《足球的欢声》和旦华唱的《啊哟有趣》，都不能大胆地唱出来，因此声音低而轻，没有神气了。几位如能把这些缺点改去，将来一定

爱华唱《寒衣曲》

63

有做音乐家的希望。"说罢，大家拍了一回手，大生又站起来说道：

"今天承蒙李先生来批评，我们很是快乐，现在时间还早，我们还请李先生讲些关于唱歌的方法，好吗？"大家一致表示欢迎，李先生就上台演讲，题目是《怎样练习唱歌？》。

他说："一般人以为学习唱歌只要声音响，实际上可并不然。就是有洪钟般的喉咙，你不经过相当练习，也是不行的。所以诸位小朋友要学习唱歌，先要练习发音，使声音正确、明朗，没有含糊的伴音。"

"初练发音，可唱 1234567 i 的音阶，到后来渐渐练唱歌曲。练习时要注意的事有七件：

（一）姿势要正——唱歌时，身体的姿势很要紧。应该站得正，立得直，胸部挺起，眼睛向前平视。头切勿俯下，否则唱来一无精神，声音也发不宏亮。

（二）深呼吸——唱歌要唱得好，第一要声音婉转不急促。因此，胸部既要挺起，肺部又宜常行深呼吸，使气长而不急促。

（三）张开喉头和声门——我们发音全靠喉头的一个声门。如果把声门逼紧，声音一定很不自然。所以要发出宏亮的声音，一定要张开喉头和声门。

（四）口腔圆大——喉头和声门都张开了，声音还要经过口腔。口腔大而圆，可使声音圆润，发出共鸣的声浪。

（五）注意保持口的形状——口腔的大小和口的形状很有关

系。唱歌时如要发宏大的声音，应使口张得很大，否则便要保持平时的形状。

（六）唇和舌的运动要迅速——要使声音清晰，全靠唇和舌的帮忙。要是唇和舌的运动不迅速，不灵活，唱来就糊涂了。

（七）发声要柔和婉美不可含糊——发声时要柔和、徐缓、宽裕，不可专用喉头和口腔的声音。因为这种声音多高噪音而不圆润，听起来很不自在，善于唱歌的人，决不用这种声音。

"话很多了，对不对，大家不妨试验试验，旁的问题且待下次再谈吧。"

大家听了李先生这番指导，很是满意。大生又说了几句感谢的话，就摇铃散会。

小小美术家

　　星期日的早晨，一中、大文、月仙和品芬四个人大家带了画具，一同到野外去画写生画。

　　"野外的景致真多呀！画什么东西好呢？"

　　一中说："我从前听得先生说过，到野外去写生，选择景致是很重要的。如果选择得好，就是一株树，一座草屋，也能画成很好的画。你们看，前面不是有一棵老树吗？我就画它吧。"

　　他站到路旁，先对那棵老树看了一会，才用铅笔画好轮廓，再用颜色铅笔加上颜色。

　　大文想："一中画树，我要画别样的东西才好。"他再向前走

一中等人带了画具走到野外，预备写生

去，看见几棵大树下面露出屋子的一角，就说道："有了！有了！
我描写那边的屋子。"他很快地跑过去，站在离屋子几十步远的地方，
用铅笔先画地面，再画屋子和后面的树。轮廓画好了，再用蜡笔着色。

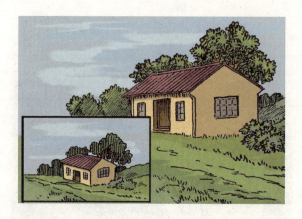

月仙走到河边，正想过桥，看见远远的有一艘帆船驶来。她留心看了许久，就用蜡笔把船画出来。她也是先用铅笔起稿，再加颜色的。

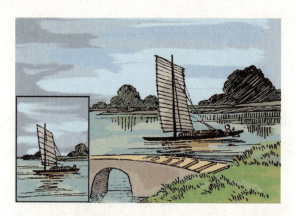

品芬说："树、屋子、船都给你们画去了，我也要选择一样才是。"

她很快地走了一段路，无意中看见一头水牛在河边喝水，把游水的鸭子吓得飞了起来。她想这倒很有趣的，画这头牛，旁边

还画几只受惊的鸭子。

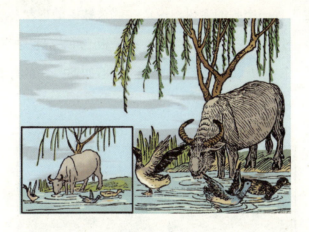

他们回去的时候，看见路旁的野花很多，大家就采了许多，
带到家中，插在花瓶里，预备明天带到学校里去给大家写生。

这几种花，你认识吗？你能不能给这些花着上美丽的颜色？

瓶中有蒲公英、野菊、紫姜等花

69

星期一，他们把昨天的写生画带到学校里，请先生批评。

先生先看一中画的大树，说道："这株树的形状和颜色画得都很不差，可惜它太居中了，看去有些呆板。如果把它画得偏一些，就更好了。"你看，画在正中的，的确不如偏一些的好看，但是过分偏的也不大好。

先生看了大文画的屋子，说道："这张画上屋子的位置很适当，只是屋子的形状画得不大好。屋子的墙角都是直立的，上下边实际虽然和地面平行，但是人立在斜边看去，却依一定的规则倾斜着，我画一个简单的图给你看，你能明白这里规则吗？"

大文道："我们走到野外看见的景致都是连连续续排列着的，很不容易选出和画幅相配的景致，先生可有什么简单的方法教

70

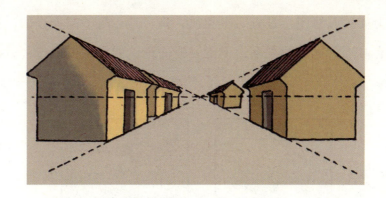

我们？"

先生道："有！有！有！我给一幅图你们看，你们在纸上剪出各种形状的洞，从洞中看去，就很容易选定适当的材料了。"

先生看了月仙画的帆船，又看了品芬画的牛和鸭，说道："这艘帆船画得很好，可惜颜色着得不大对，牛和鸭也很有神气，但是鸭画得太大了。我们画画，对于各物的大小很要留意。

像上面这几幅图，是表明牛和鸭、狗、马、屋子的大小的，虽然有时因为远近的关系，不能一概而论，但在同一地方，就该留意了。"

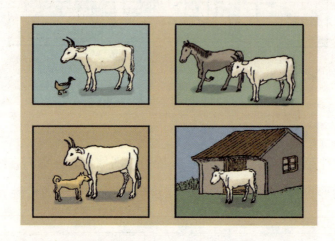

月仙问道："先生说我的画颜色着得不对，我自己也知道的。不过我觉得配颜色总不大容易，要怎样才配得好呢？"

先生在书架上取出一幅挂图，说道："这幅图就是教导大家配颜色的。你看，图上只用红、黄、青三色，可以配出这许多颜色来。

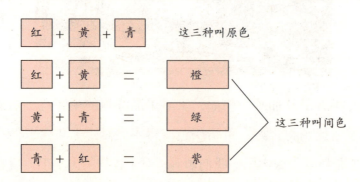

红	+	黄	+	青	这三种叫原色
红	+	黄	=	橙	
黄	+	青	=	绿	这三种叫间色
青	+	红	=	紫	

如果我们有六种颜色，配起来更加容易。只要常常试验，那就会配了。"

加水		加黑
	红	
	黄	
淡色	青	深色
	橙	
	绿	
	紫	

配颜色的方法，大家学会了。上美术课的时候，先生发给大家一张印花图案，叫大家配上好看的颜色。

一中配的是淡绿地，暗红花；大文配的是淡红地，青色花；品芬配的是淡青地，橙色花；月仙配的是淡橙色地，暗绿花。

你觉得谁配的颜色好看！你能配出什么颜色？

俺们把印花图案的颜色配好以后，大家觉得很有趣，月仙就问先生道："先生！这种整齐的花样，怎样画成的？"

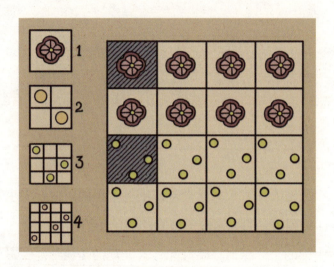

先生道："先选定一个或几个花样，再照上面的方法画好格子，然后把花样一个个地印在格子里，就成功了。这种花样，如果连续起来，可以没有穷尽，所以叫作连续图案。有许多花布、花纸，都应用这种图案。"

一中听得先生说画连续图案画要先画格子，他就说道："先生！我画到格子最头痛，画来画去总不大会正确的。"

先生道："要画正确的格子，至少要有一把直线尺和一块正确的三角板。如果再有一个两脚规，画起来就更容易了。你看，下面的图就是画格子的方法，照这方法画，一定正确的。"

过了几天，先生拿了一本书和一个盆子，对大家说："画图

案画也不一定要画格子。像这本书和这个盒子上的装饰图案，是依照动物和植物画成的，画的时候并不要先画格子。虽然不整齐，也很好看的。

"这里有一个茶杯和一个盆子的图样，你们会用这种画法，画出好看的装饰图案吗？"

"快！快！快跑！哈！哈……一中第一。"在开运动会的时

候，大家这样喊着。

上美术课的时候，他们还没有忘记运动会的兴趣。他们都想把运动会中的事情画出来，但是运动的姿势总画得不大有力。他们请教先生，先生就在黑板上画了许多运动的姿势，他们看了样，画起来就容易多了。

品芬最喜欢画人，但是她不大会画人脸。要画笑脸，有时却画成哭脸；要画哭脸，有时反而画成笑脸。

先生说："画人脸也有方法的。你看这里的几幅图，就可以

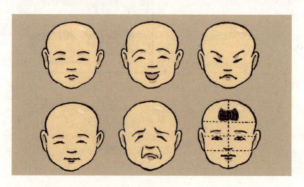

明白了。你留心看人家笑、哭时的脸是不是这样的？"

一中们都是聪明的学生，自从先生讲了画人的方法，以后他们画起人来，果然进步多了。

有一天，先生用画纸印好两个人的轮廓，并不画出面貌和衣服。他说："你们看，这两个人在那里做什么？大家可以照自己的意思画出来。"

你想，你该怎样画这幅画。

大文在一张大的画纸上画了两个小的人，他知道人太小了，不大好看，想把画纸裁小些。

先生说："你把纸裁小，岂不可惜！你只要添画些东西在上面就好了。"

大文经先生一提，知道可以添画的东西多得很，他就去添画起来。

你知道他要添画些什么？

你觉得添画些什么东西最好？

大文在前面那幅画上，添画花、桥、屋子、船和牛、狗、羊、鸟等动物，把纸面画得十分热闹。

先生说："你这幅画，添画的东西又嫌太多了，过分多也

不会好看的。画上的东西，虽然没有限定，但是总要把有关系
的画在一起，也不要贪多，只要画得好看就行。你们看，这幅
画画了许多东西，不是很觉杂乱么？你们以为哪几种东西画在
一起才好看？"

学画的故事

一　小时候的故事

　　记得我很小的时候最爱淘气：五彩的铅笔头，印着花纹的蜡纸，看得像珍宝一般，细心地藏起来。二叔从城里的学校放假回来，总带着许多小画片送给我，我统统收集起来。假使有人拿了一张去，就会吵闹半天。那时候我还有一种坏脾气，就是喜欢在无论什么地方乱涂，花狗呀，小黑猫呀，卖菜的老翁呀……想到什么画什么，因此，被父亲骂了好几次。

　　有一次父亲不在家里，我爬到他的写字台上，看见那里有

世玲在父亲的桌上画画

一叠白纸。我想，拿这样的纸来画图，再好没有了，便抓起笔
来描画，因为昨天在门前看俩猴子做戏，我便画了两个猴子。
谁知那时门外有人进来，我急忙爬下去，把一瓶墨汁泼翻，弄
得台上纸上一团乌黑，不料进来的是一向爱我的二叔，我心中
觉得一宽。他问："干什么？"他看见我手里的画，拿过去看
了一会，轻轻地笑了一下，说："世玲你真聪明呀！你这样喜
欢画图，我将来定要教你。"二叔非但没有斥骂反而赞美我的画，
怎么不使我喜出望外呢！二叔真是可爱！今天父亲说，二叔明
天一定会回来了，并且他已经在美术学校里毕业了，多么使我
高兴！不消说，他回来以后，二三十张的画片是准会到手的啊。
我等着吧！

二　在二叔的画室里

一间厢房，本来堆着许多破旧的家用器具，很是混杂。自从二叔回来以后，那厢房里面，打扫得异常整洁。本来觉得暗暗的，现在却窗明几净。壁上悬着几幅油画，越显得雅静可爱。二叔的画箱画架等，都是很有精神地站在那里，连插在瓶子里的几朵百合花，都似乎含着骄傲的微笑。最可怪的，就是那个断了两臂的石膏像，也装着优美的姿势，站在桌子上。

虽然父亲时常对我说："世玲，你太会淘气了，不要时常溜到二叔的画室里，缠得他画不出来。"但是像那样有趣的地方，怎能叫我不去呢？今天上午，我又在厢房的窗口里张望了。

二叔在那里做什么呀？只见他站在一个桌子旁边，手里拿着三只苹果，东摆一只西放一只。他抬头看见了我，笑着说："咦！世玲，站在窗外干吗？进来玩玩吧！"他还没有说完那句话，我早已踏进了门口；我问："二叔你在做什么？"

"我正在这里预备写生。"二叔说："你们在学校里学过写生吗？假使我们要学习图画，写生是一桩最要紧的事。像现在这样桌子上放这东西，看着它画，这叫作'静物写生'；有时我们背着画具，到景致优美的地方去，对着风景作画，那就叫'野外写生'。世玲，你是喜欢画图的，你就在这里看我画吧！"

二叔预备写生

二叔画图时的样子，真够发笑。只见他挤着眼睛一看，用笔杆横竖测量，一会，挥着一支笔头像鸭嘴那样扁扁的笔，向画布上刷。一面看，一面画，他的眼睛和手互相呼应，简直像一对分不开的好朋友。没有多时，那台上的东西好像被二叔变幻术似的搬到画布上来。二叔放下画笔拍着我的肩说：

"世玲，画得像吗？好吗？"

"二叔！好极了。"我再也想不出其他赞美的话。就这样回答二叔。啊！真奇怪，他也不过生两只眼睛，一双手，为什么画得这样好呢？

三　珍贵的赠品

昨天，二叔不在家里，我便偷偷地跑进他的画室。一幅洁白的画布，给我涂得不成样子。我因为好奇心的冲动，便扰乱了二叔的画室，说不定二叔会因此而厌恶我。真是糟糕！

"玲官，二少爷请你到厢房里去。"今天我刚才吃过早膳，张妈便这样对我说。我想事情多少有些不妙，一定是为了昨天的那个玩意儿，动了二叔的火。去吧，不免要受骂；不去吧，也逃不了，那只好去了。

那真是梦想不到的一回事，二叔见我进去，便温和地说：

"世玲，你的脸色，怎么变得这样苍白呀？哦！我懂了！莫

不是怕我责罚你昨天的事情？别担心，那不是一回大不了的事。
我知道你从小就爱画图，从今天起，我就教你画吧，你愿意吗？"
那时我怎么不喜极欲狂呢？他又打开抽屉，搬出许多东西送给我，
我不知应该怎样去感谢他才好呢。这许多赠品是值得纪念的，我
应该记在这本日记簿上，才永久不会忘记哩。

二叔的赠品是：

画图纸——一打。

H 记号的笔杆——一支。

B 记号的铅笔——一支。

水彩画笔——三支（大号、中号、小号各一支）。

笔洗——一个。

调色盒——一块。

颜色——（锡瓶装的）一打（各色都有）。

这都是画图的器具

85

写生板（马粪纸做的）——一块。

软橡皮——一块。

图钉——一盒。

二叔把一件件东西点交给我的时候，又说："这些东西，就是练习图画必须要准备的。画图的工具中，尤其是颜色和画纸，最要选择。颜色要用锡瓶装着的比较好些。讲到画纸，最好用七十磅至八十磅的纸，正面不易光滑，须稍带粗糙，这样可以吸收水分，容易使颜色调和。这是最要紧的，应该记牢！"

我以后一定要跟二叔学画了，我要做一位小小画家！

四　可爱的月夜

晚饭以后，我和妹妹在后园里乘凉，讲些故事笑话，很是快乐。一会，月姐姐从东面墙沿上，探出白玉般的脸儿来，照得满园青光。一个园子，好像仙宫那样幽雅可爱。

一枝杨柳的影儿，恰巧贴在西面的白墙上。微风吹过，柳儿飘溢，墙上的柳影，也摇曳不定，有趣极了。我不禁高声呼喊："快出来赏月吧！"

不一会，二叔端了一张藤椅，走到园里来，我便把墙上的柳影，指给他看，他也连声说："美极了！"接着又说："世玲，你替我去拿画纸、铅笔和图钉，我们把它画起来！"我去拿东西时，

世玲和妹妹在后园中乘凉

心中想：今晚一定又有一套新鲜的玩意儿了。

二叔把画纸钉在墙壁上，照着杨柳的黑影，用铅笔描出来，显然是一张很美丽的画。我抢着说："这个不难，我也会！"我就请二叔侧身站在墙边，照着他刚才的方法，替他画了一张

此图表示轮廓

侧面半身像，很有几分像他。那时二叔又交叉着两手，做出各种动物的头形，映在壁上，叫我依样描出来。我画完，觉得十分有趣。

二叔坐下来说："你画得不差！现在我趁便再把关系画图方面的一些常识告诉你吧：你刚才所描的在画上就叫作'轮廓'，无论哪一种画，着手时总是先要描轮廓。杨柳被月光照着，影子落在墙上，这就是'阴影'中的'影'。凡是物体，在光线下都会显出'明暗'；受光的部分明，叫作阳面，不受光的部分暗，叫作阴面。画图的时候，要注意阴阳明暗，才能表现出立体的形状。描好轮廓，衬出明暗，才可以着上'色彩'。"

此图表示阴影

"讲到色彩，世界上究竟有多少种数？"我问二叔，他说："色彩会随着光线转变的，它的种数多到记不清。其中红、黄、

此图表示"明暗"

青三种，学画的人，称它'原色'。两种原色调成的，叫作'间色'。三种以上颜色调成的，叫作'复色'。"他说到这里，就用铅笔在画纸的反面，画了一张简单的色彩混合图。我正听得津津有味的时候，母亲在里面催我睡去。末了，二叔说："你不信，明天用调色盒去试试吧！"

此图表示"色彩"

五 四个字的批评

今天下午，我又在二叔的画室里逗留了。他要我画图，我倒有些窘了。因为自从昨夜听了他的一番谈话，觉得画图真不是随随便便的一回事，以前的胡乱涂抹，全是不合理的。我迟

疑地问：

"画些什么好呢？"

那时张妈正端着一个热水瓶进来，安放在台上。二叔说："就画这个热水瓶吧！"

二叔说着，就把热水瓶移到写生台上，背后又衬了一块深绿色的"背景布"。我把画纸钉在写生板上，铅笔橡皮等也预备好了。二叔就说："你且描出一个轮廓吧！"

他提起"轮廓"两字，昨夜在园子里描柳影的事情，便在我脑里浮现了。我就问："热水瓶的阴影在哪里呢？"

二叔笑了起来，说："你以为描轮廓就像昨夜那样容易吗？写生时描轮廓，要用眼睛观察，要用东西测量，才会正确，这叫作'实测'。"

"那么，我们用尺子把热水瓶的长度量一下就得了。"

"不是这样讲。拿尺去量，走来走去太费事；而且太呆板。现在有一个最简单的方法，我教你吧！"二叔说时，从我手里取过铅笔画纸，一面讲，一面画，我好容易才弄个明白。二叔这样讲：

"现在我的测量器，便是这支铅笔。闭起左眼，将手臂伸直。手里握着的这支铅笔，上端封准热水瓶的顶点，再将大拇指向下移动，一直到看见瓶底为止。这大拇指以上的一段铅笔，就是热水瓶在画面上的长度。这时须在纸面上画一条竖线。再照样横量瓶的阔度，在纸面上画一条横线。

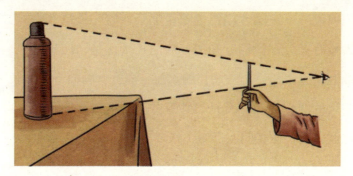

此图表示测时的姿势和方法

"这时，又要观察瓶的'基本形'，这瓶是长方形的，就根据画面上的横线和竖线，画成一个长方形。至于瓶盖的长度和阔度，也可以照刚才的方法画出。然后把小部分的曲线，细细描画，瓶的轮廓就成了。"

不过我又要问："譬如这个热水瓶，大概也有一尺多长；测量下来，只缩成二寸模样，那么定画成二寸长的吗？"

"这时就要看画纸的大小了。譬如这张画纸很大，如果画上二寸长的瓶，就觉得四面空虚，太不美观。这里，我再把画上的'比

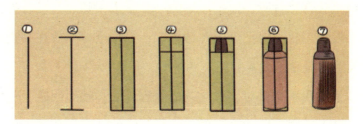

（1）瓶的长度（2）瓶的阔度（3）瓶的基本形（4）画出瓶盖的长度（5）画出瓶盖的阔度（6）描出瓶的曲线（7）轮廓完成

91

例法'申说一下：刚才用铅笔测量那个瓶时，长度大概有二寸，阔度大概有五分；我们就知道，瓶的长阔比是'四比一'。假使这张纸上，适合画一个一尺长的水瓶，那么，画面上的瓶长一尺，阔是一尺的四分之一，就是二寸五分了——如要缩小，也可按照这个比例去画，懂得吗？"

六　电灯光下

隔壁李婶妈，今天送了一筐李子,四盒糖果给我们。吃过晚饭,母亲就在电灯光下,把李子分给大家吃。我们嚼着李子,说说笑笑,好不快乐。二叔又提起今天画图的事,他说："世玲,你现在虽然会描轮廓,但是物体的明暗,还辨不清楚。"

"那当然还要请二叔指导的呀！"

"我现在就教你吧，你且给我一个李子和一盒糖果吧。"

姊姊插嘴了："玲弟，别上当，二叔真会骗东西吃呢！"

但是我哪里肯听，便把吃剩的一个李子，和一盒没有拆开的糖果，授给二叔。他把李子和糖果盒，很郑重地安放在一边，只是微笑着对我看。我真弄得莫明其妙，他缓缓说道：

"上次我不是讲过，凡是物体受到光线，就生明暗，物体的表面，各个不同：譬如李子的表面是圆浑的，糖果盒的表面是平坦的。物体的表面不同，因此明暗也两样。大凡表面平坦的——

明暗的界限截然可辨。如立方体、角柱、角锥等。

"表面圆浑的——明暗的界限很是模糊，如圆球、圆锥、圆柱等。你瞧，李子和糖果盒的明暗有没有分别？"

我挤着眼睛仔细一看，果然不错。二叔又接着说："仔细研究，明暗又可分为三个阶段：

此图表示物体与明暗的变化

（1）对光部（最亮）——是光线正射的地方。

（2）斜光部（明暗适中）——是光线斜射的地方。

（3）背光部（最暗）——是和光线反对的地方。

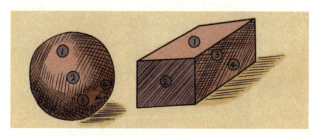

此图表示明暗的四部
（1）对光部（2）斜光部（3）背光部（4）反射光

　　"此外还有一种'反射光'，是光线射在他种物体，再由他种物体上，反射到原来的物体上，生出种种变化。"二叔指着实物，这样讲解，我已明白了不少。不过我总觉得，浑圆的东西上，明暗很难辨别。二叔说："只要把两眼稍微挤拢，明暗的变化，就很容易看出来。"

　　弟弟在旁边睁着一双乌黑的眼珠，听得莫名其妙。他把电灯拉了下来，灯泡几乎碰在桌面上，他说："什么对光部，斜光部，让我来看个清楚！"引得大家哄然大笑。那时我忽然看见李子和糖果盒的影儿，变得很长，我真诧异。二叔又说："光线斜射，影儿就长；光线直射，影儿就短。譬如正午时你立在太阳下，阳光从你头顶照下来，你的影儿是短的；傍晚时，阳光从斜面射来，那影儿便长了；那是一定的道理。还有一种叫作'倒影'，也很

此图表示光线斜直与影之长短

此图表示倒影

有趣。静定的河中，雨后的路上，或是油漆的桌面上，都有倒影
存在。总之，明暗和阴影的变化真多，画时很要留心呢。"他说完，
把电灯挪上，灯光从上面直射下来，李子和盒子的影儿，果然缩
短了。我相信二叔的话，一些不错。他讲得口渴，过去倒茶喝。
我也听得疲倦，打了个呵欠。不料回头一看，台上的李子和糖果，
都已不翼而飞！原来李子已送进了弟弟的嘴，一盒糖果，也被弟
弟抢了就逃，躲到母亲房里。好！我明天再和他算账吧！

七　草地上的功课

自从二叔暑假回来以后，他没有见过祖父一面，时常想到乡
间去看望他的老父。近来又因为天气闷热异常，想想乡间的清净

凉爽，所以决意要到乡间去看望祖父，同时好借此在那里避暑。他的伴侣，就是他一刻不离的画箱和我自己。

乡间果然比城市凉爽得多。在城市里我们只见种种热闹的玩意儿。在乡村里，我们可以看见洁净的天空，碧绿的稻田，深密的树林，渺远的山道，和那蓄养着白鹅和花鸭的溪流……一切都是新鲜而有趣。

傍晚，太阳在山腰只露出半个笑脸，看那凉风在稻田里打滚。我跟着二叔，在田岸上慢慢地走。有二三个农夫，捎着耕具回家，口里哼着山歌。二叔忽然站定了，指着远处的几个农人对我说："世玲，你看见吗？那远处的几个农人，缩得像一颗黑豆了！""我想，那大概是小孩子吧？""就是小孩子，总得比黑豆大些，是不是？"

这件很平常的事，确乎使我回答不来。我因为要明白这里面的道理，所以要求二叔讲给我听。

他说："一件东西，离我们越远越显得小，越近越显得大；这是一定的道理。同样一所屋子，我们远远看去，就像一座鸡棚那样低矮；水牛在远处耕田，看去好像一只甲虫在那里爬行；很远的树林，缩得像女人的眉毛那样细淡，这全是远近的关系。"

我们走过一块绿油油的草地，二叔便拉我坐下，他从袋里拿出一本手册，一支铅笔，画着几个简图，细细地为我讲述，他说："研究物体远近变化的科学，叫作'透视学'。学习写生，一定要懂得些透视的原理，才会画得正确。不过透视学里，有许多是

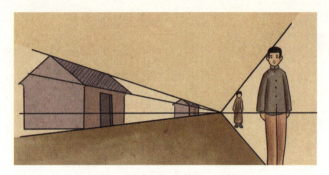

此图表示物体远近与大小的关系

很复杂的，一时也讲不尽，只得拣紧要的几个定律，讲给你听：

你瞧那一碧无际的稻田，它的尽头，像和天空相接，成为一线，这线在透视学上，叫作'视平线'（假使在海滨，更容易看出，就是水平线）。视平线的高低，恰和我们眼睛的高度相等。在视平线上正对着眼睛的一点，叫作'消失点'。譬如立在月台上看平行的铁轨，只见两条铁轨，越远越接近，结果，集合在一点上，这一点，就叫作'消失点'。根据视平线和消失点细细研究，我

透视图

们可以明白几个定律：

（一）在视平线上，同样高的东西，越远越低（像图中树顶和电杆顶等）。

（二）在视平线下，同样高的东西，越远越高（像图中树根、轨道等）。

（三）同样大的东西，越远越小，过了消失点，便看不见（像图中电杆、树木、轨道等）。

（四）等距离的东西，越远越密（像图中轨道上的枕木等）。

（五）平行的东西，向远处伸展，必集合在消失点（像图中轨道、电线等）。

"假使你能把这五条定律，牢记在心，那么写生风景时，东西在画面上的远近大小，就容易正确了。"

山下笼罩着薄薄的一层轻雾，那时太阳早已归去了。在回去的路上，二叔又说："明天早上，我们出来写生，还可以证明这远近的关系呢。"

八　一个早晨

早上起来，胡乱地吃了早餐，我便带跑带跳地到二叔的寝室里，看见他早已把画具预备安当，只待出发了。

我和二叔背了画具，在鲜明的晨光下走着。村中的人，指着

我们交头接耳地谈论，似乎很觉奇怪；后面跟着许多人，我们竟像有一种魔力，使许多村人紧紧地跟随着。

走到一处地方，看见青山绿水间，映着渺远的帆影，岸旁排列着几椽朴素的村屋，风景不差。二叔说："我们就在这里画一张吧！"但是我觉得这里的风景虽好，却不知应该如何画起，只得看他先画。

二叔放下画具，挤着眼皮，向前望了一会。又用手指架成一个方格，在方格里张望一会。我就问他这是什么用意？他说："我们写生风景，不是随便画一棵树，一间屋子，就算了结，须在复杂的风景中，划出最美的一部分来画。我用手指架成方格，在这方格里，我可以看出最美的一部分。有人用厚纸切成一个方格，作为'取景框'也很适用。至于挤着眼皮观望，那是因为野外光线太强，色彩复杂，不容易辨认远近的色调。我们如果用厚纸开一条细缝，也可以当作'辨色器'用。"

二叔摆开画架，坐在三脚小凳上，开始写生了：他先在纸上画出一道视平线，从近景画到远景；从大体的轮廓，画到精细的

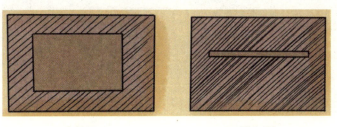

取景框　　　　　　　　　辨色器

部分；从单纯的轮廓，衬出明暗的部分。然后着色，从天空画到地面，从淡的画到深的，经过几次的加色，一张风景画，便成功了。非但拥在后面看画的村人同声赞美，我心中也十分羡慕。我也依照他的方法，画了一张。据二叔的批评，说是透视方面，有些不合理。他末了又说："写生画本来不是一次就画得好的，应当多多练习才是。你第一次能有这样的成绩，已经不差了！"

此图表示写生风景时取景的方法

九　但愿如此

今天我起身特别早，因为二叔要领我到上海去参观美术展览会，乘便再游玩几天。我多么高兴！枯坐在火车上，很是无聊，我们便随便谈谈。我谈起自从跟二叔学画以后，看见从前自以为画得很好的画，现在都像很可笑的。几乎连自己也不相信那是我的亲笔。二叔说："那是因为你自己懂得些画理，同时欣赏力也增高的缘故。"这样谈着，后来又谈到展览会上，他又说："开展览会的目的有二个：一、可以使许多人欣赏美术，假使自己画，自己看，一般人没有欣赏的机会，那便不是画家应有的态度；二、给画家们观摩或批评，因为画家如果不去观摩人家的作品，不受人家的批评，往往不会长进，所以要举行展览会。"我随着二叔，踏进展览会场，只见东一张，西一幅，布置得五花八门，不知看哪一张好。二叔说："我们看展览会，也须懂得些小方法。参观展览会，最不宜东张西望，恨不得一眼望尽。要晓得一张画有一张画的妙处，画家的作品，也各有各的长处。会场上决不会有人把陈列品夺去，所以我们尽不妨一张张细细欣赏。画上的轮廓、明暗、色彩、笔调、构图，以及画中的思想，都得细看，才有好处。现在我们先去参观'炭画'吧！"

在陈列"炭画"的一室里，我们只看见许多石膏像的写生。

世玲参观美术展览会

据二叔说，炭画也就是西洋画的基本练习。有许多画家在习画时，专门学过三年炭画呢。进去就是"铅画"室，我真佩服他们，光用一支铅笔，就画得那样像。二叔又告诉我：炭画和铅笔，不着一些颜色，有时也称为"素描"。

到了"水彩画"的一室，更是琳琅满目。我平时最喜欢水彩画，所以特别注意。据二叔说：西画中水彩画最鲜明，最飘逸，现在一比较，果然不错。在"油画"室里，只见都是大幅的画，色彩、笔调、构图，全很伟大，定价很贵，几百块钱买一张画，并不稀奇。二叔说，西画中最能耐久的，便是油画，几百年前的画，传到现在，还可以供给大家欣赏。不过油画的材料很贵，所以定价也高了。

有一室专陈列"色粉画"，也很可爱，色调鲜明而柔和，看了很觉舒服。二叔说："'色粉画'又名'帕斯丹尔画'，是一种很优美的西画，是用一种色粉笔，画在有色的粉画纸上，再用'雾吹器'，喷上'定止液'，使色粉不致脱落。我们画艳丽的春景，画娇嫩的小孩或美女的颜面，用色粉画，最容易表现。"

我们又看了些"图案画"和"国粹画"，全场作品，一共不下几千件。我看得几乎呆住，不禁嘘了一口气。二叔说："看了觉得怎样？你努力学习，将来也可以开展览会呢！"我虽没有回答他，可是我心中确是存着"但愿如此"的奢望呢。

以画为喻

咱们画图，有时候为的实用。编撰关于动物植物的书籍，要让读者明白动物植物外面的形态跟内部的构造，就得画种种动物植物的图。修建一所房子或者布置一个花园，要让住在别地的朋友知道房屋花园是怎么个光景，就得画关于这所房屋这个花园的图。这类的图，绘画动机都在实用。读者看了，明白了，住在别地的朋友看了，知道了，就体现了它的功能。

这类图决不能随便乱画，首先要把画的东西看得明白，认得确切。譬如画猫吧，它的耳朵怎么样，它的眼睛怎么样。你如果没有看得明白，认得确切，怎么能下手？随便画上猪的耳朵，马

的眼睛，那是个怪东西，决不是猫；人家看了那怪东西的图，决不能明白猫是怎样的动物。所以，要画猫就得先认清猫。其次，画图得先练成熟习的手腕，心里想画猫，手上就得画成一只猫。像猫这种动物，咱们中间谁还没有认清，可是咱们不能人人都画得成一只猫；画不成的原因，就在乎熟习的手腕没有练成。明知道猫的耳朵是怎样的，眼睛是怎样的，可是手不应心，画出来的跟知道的不相一致，这就成猪的耳朵马的眼睛，或者什么也不像了。所以，要画猫又得练成从心所欲的手腕。

　　咱们画图，有时候并不为实用。看见一个老头儿，觉得他的躯干，他的面部的器官，他的蓬松的头发跟胡子，线条都非常之美，配合起来，是一个美的和谐，咱们要把那美的和谐表现出来，就动手画那个老头儿的像。走到一处地方，看见三棵老柏树，那高高向上的气派，那倔强矫健的姿态，那苍然蔼然的颜色，都仿佛是超然不群的人格的象征，咱们要把这一点感兴表现出来，就动手画那三棵老柏树的图。这类的图，绘画的动机不为实用，可以说无所为。但是也可以说有所为，为的是表出咱们所见到的一点东西，从老头儿跟三棵老柏树所见到的一点东西——"美的和谐"、"仿佛是超然不群的人格的象征"。

　　这样的图也不能随便乱画。第一，见到须是真切的见到。人家说那个老头儿很美，你自己不加辨认，也就跟着说那个老头儿很美，这就不是真切的见到。人家都画柏树，认为柏树的挺拔之概值得画，你就跟着画柏树，认为柏树的挺拔之概值得画，这就不是真切的见到。见到不真切，实际就是无所见，无所见可是还要画，结果只画了个老头儿，画不出那"美的和谐"来；只画了三棵老柏树，画不出那"仿佛是超然不群的人格的象征"来。必须要整个的心跟事物相对，又把整个的心深入事物之中，不仅认识它的表面，并且透达它的精蕴，才能够真切地见到些什么。有了这种真切的见到，咱们的图才有了根本，才真个值得动起手来。

第二，咱们的图既以咱们所见到的一点东西为根本，就跟前一类的图有了不同之处：前一类的图只须见什么画什么，画得准确就算尽了能事；这一类的图要表现出咱们所见到的一点东西，就得以此为中心，对材料加一番选择取舍的工夫；这种工夫如果做得不到家，那么虽然确有见到，也还不成一幅好图。那老头儿一把胡子，工细的画来，不如粗粗的几笔来得好；那三棵老柏树交结着的桠枝，照样的画来，不如删去了来得好；这样的考虑就是所谓选择取舍的工夫。做这种工夫有个标准，标准就是咱们所见到的一点东西。跟这一点东西没有关系的，完全不要；足以表出这一点东西的，不容放弃；有时为了要增加表出的效果，还得以意创造，而这种工夫的到家不到家，关系于所见的真切不真切；所见越真切，选择取舍越有把握；有时几乎可以到不须思索的境界。

　　第三，跟前边说的一样，得练成熟习的手腕。所见在心，表出在手腕，手腕不熟习，根本就画不成图，更不用说好图。这个很明白，无须多说。

　　以上两类图，次序有先后，程度有浅深。如果画一件东西不会画得像，画得准确，怎么能在一幅画中表出咱们所见到的一点东西？必须能画前一类图，才可以画后一类图。这就是次序有先后。前一类图只凭外界的事物，认得清楚，手腕又熟，就成。后一类图也凭外界的事物，根本却是咱们内心之所见；凭这一点，它才成为艺术。这就是程度有浅深。这两类图咱们都要画，看动机如何而定。咱们要记载物象，就画前一类图；咱们要表出感兴，就画后一类图。

　　我的题目"以画为喻"，就是借画图的情形，来比喻文字。前一类图好比普通文字，后一类图好比文艺。普通文字跟文艺，咱们都要写，看动机如何而定。为应付实际需要，咱们得写普通文字；如果咱们有感兴，有真切的见到，就得写文艺。普通文字跟文艺次序有先后，程度有浅深。写不来普通文字的人决写不成文艺；文艺跟普通文字原来是同类的东西，不过多了咱们内心之所见。至于熟习的手腕，两方面同样重要；手腕不熟，普通文字跟文艺都写不好。手腕要怎样才算熟？要让手跟心相应，自由驱遣语言文字，想写个什么，笔下就写得出个什么，这才算是熟。我的话即此为止。

景泰蓝的制作

　　一天下午，我们去参观北京市手工业公司实验工厂。粗略地看了景泰蓝的制作过程。景泰蓝是多数人喜爱的手工艺品，现在把它的制作过程说一下。

　　景泰蓝拿红铜做胎，为的红铜富于延展性，容易把它打成预先设计的形式，要接合的地方又容易接合。一个圆盘子是一张红铜片打成的，把红铜片放在铁砧上尽打尽打，盘底就洼了下去。一个比较大的花瓶的胎分作几截，大概瓶口，瓶颈的部分一截，瓶腹鼓出的部分一截，瓶腹以下又是一截。每一截原来都是一张红铜片。把红铜片圈起来，两边重叠，用铁椎尽打，两边就接合起来了。要圆

筒的哪一部分扩大，就打哪一部分，直到符合设计的意图为止。于是让三截接合起来，成为整个的花瓶。瓶底可以焊上去，也可以把瓶腹以下的一截打成盘子的形状，那就有了底，不用另外焊了。瓶底下面的座子，瓶口上的宽边，全是焊上去的。至于方形或是长方形的东西，像果盒、烟卷盒之类，盒身和盖子都用一张红铜片折成，只要把该接合的转角接合一下就是，也不用细说了。

制胎的工作其实就是铜器作的工作，各处城市大都有这种铜器作，重庆还有一条街叫打铜街。不过铜器作打成一件器物就完事，在景泰蓝的作场里，这只是个开头，还有好多繁复的工作在后头呢。

第二步工作叫掐丝，就是拿扁铜丝（横断面是长方形的）粘在铜胎表面上。这是一种非常精细的工作。掐丝工人心里有谱，不用在铜胎上打稿，就能自由自在地粘成图画。譬如粘一棵柳树吧，干和枝的每条线条该多长，该怎么弯曲，他们能把铜丝恰如其分地剪好、曲好，然后用钳子夹着，在极稠的白芨浆里蘸一下，粘到铜胎上去。柳树的每个枝子上长着好些叶子，每片叶子两笔，像一个左括号和一个右括号，那太细小了，可是他们也要细磨细琢地粘上去。他们简直是在刺绣，不过是绣在铜胎上而不是绣在缎子上，用的是铜丝而不是丝线、绒线。

他们能自由地在铜胎上粘成山水、花鸟、人物种种图画，当然也能按照美术家的设计图样工作。反正他们对于铜丝，好像画家对于笔下的线条，可以随意驱遣，到处合适。美术家和掐丝工

人的合作，使景泰蓝器物推陈出新，博得多方面人士的爱好。

粘在铜胎上的图画全是线条画，而且一般是繁笔，没有疏疏朗朗只用少数几笔的。这里头有道理可说。景泰蓝要涂上色料，铜丝粘在上面，涂色料就有了界限。譬如柳条上的每片叶子由两条铜丝构成，绿色料就可以填在两条铜丝中间，不至于溢出来。其次，景泰蓝内里是铜胎，表面是涂上的色料，铜胎和色料膨胀率不相同。要是色料的面积占得宽，烧过以后冷却的时候就会裂。还有，一件器物的表面要经过几道打磨的手续，打磨的时候着力重，容易使色料剥落。现在在表面粘上繁笔的铜丝图画，实际上就是把表面分成无数小块，小块面积小，无论热胀冷缩都比较细微，又比较禁得起外力，因而就不至于破裂、剥落。通常谈文艺有一句话，叫"内容决定形式"，咱们在这儿套用一下，是制作

方法和物理决定了景泰蓝掐丝的形式。咱们看见有些景泰蓝上面的图案画，在图案画以外，或是红地，或是蓝地，只要占的面积相当宽，那里就嵌几条曲成图案形的铜丝。为什么一色中间还要嵌铜丝呢？无非使较宽的表面分成小块罢了。

粘满了铜丝的铜胎是一件值得惊奇的东西。且不说自在画怎么生动美妙，图案画怎么工整细致，单想想那么多密密麻麻的铜丝没有一条不是专心一志粘上去的，粘上去以前还得费尽心思把它曲成最适当的笔画，那是多么大的工夫！一个二尺半高的花瓶，掐丝就要花四五十个工。咱们的手工艺品往往费大工夫，刺绣、刻丝、象牙雕刻，全都在细密上显能耐。掐丝跟这些工作比起来，可以说不相上下，半斤八两。

刚才说铜丝是蘸了白芨浆粘在铜胎上的，白芨浆虽然稠，却经不住烧，用火一烧就成了灰，铜丝就全都落下来了，所以还得焊。先在沾满了铜丝的铜胎上喷水，然后拿银粉、铜粉、硼砂三种东西拌和，均匀地筛在上边，放到火里一烧，白芨成了灰，铜丝就牢牢地焊在铜胎上了。

随后就是放到稀硫酸里煮一下，再用清水洗。洗过以后，表面的氧化物和其他脏东西得去掉了，涂上的色料才可以紧贴着红铜，制成品才可以结实。

于是轮到涂色料的工作了，他们管这个工作叫点蓝。图上的色料有好些种，不只是一种蓝色料，为什么单叫作点蓝呢？原来

这种制作方法开头的时候多用蓝色料，当时叫点蓝，就此叫开了（我们苏州管银器上涂色料叫发蓝，大概是同样的理由）。这种制品从十五世纪中叶明朝景泰年间开始流行，因而总名叫景泰蓝。

用的色料就是制颜色玻璃的原料，跟涂在瓷器表面的釉料相类。我们在作场里看见的是一块块不整齐的硬片，从山东博山运来的。这里头基本质料是硼砂、硝石和碱，因所含的金属矿质不同，颜色也就各异，大概含铁的作褐色，含铀的作黄色，含铬的作绿色，含锌的作白色，含铜的作蓝色，含金、含硒的作红色……

他们把那些硬片放在铁臼里捣碎研细，筛成细末应用。细末里头不免掺和着铁臼上磨下来的铁屑，他们利用吸铁石除掉它。要是吸得不干净，就会影响制成品的光彩。看来研磨色料的方法得讲求改良。

各种色料的细末都盛在碟子里，和着水，像画家的画桌上一样，五颜六色的碟子一大堆。点蓝工人用挖耳似的家伙舀着色料，填到铜丝界成的各种形式的小格子里。大概是熟极了的缘故，不用看什么图样，自然知道哪个格子里该填哪种色料。湿的色料填在格子里，比铜丝高一些。整个表面填满了，等它干燥以后，就拿去烧。一烧就低了下去，于是再填，原来红色的地方还是填红色料，原来绿色的地方还是填绿色料。要填到第三回，烧过以后，色料才跟铜丝差不多高低。

现在该说烧的工作了。涂色料的工作既然叫点蓝，不用说，烧的工作当然叫烧蓝。一个烧得挺旺的炉子，燃料用煤，炉膛比

较深，周围不至于碰着等着烧的铜胎。烧蓝工人把涂好色料的铜胎放在铁架子上，拿着铁架子的弯柄，小心地把它送到炉膛里去。只要几分钟工夫，提起铁架子来，就看见铜胎全体通红，红得发亮，像烧得正旺的煤。可是不大工夫红亮就退了，涂上的色料渐渐显出它的本色，红是红绿是绿的。

涂了三回烧了三回以后，就是打磨的工作了。先用金刚砂石水磨，目的在使成品的表面平整。所谓平整，一是铜丝跟涂上的色料一样高低；二是色料本身也不许有一点高高洼洼。磨过以后又烧一回，再用磨刀石水磨。最后用椴木炭水磨，目的在使成品的表面光润。椴木木质匀净，用它的炭来水磨，成品的表面不起丝毫纹路，越磨越显得鲜明光滑。旁的木炭都不成。

椴木炭磨过，看来晶莹灿烂，没有一点缺憾，成一件精制品了，可是全部工作还没完，还得镀金。金镀在全部铜丝上，方法用电镀。镀了金，铜丝就不会生锈了。

全部工作是手工，只有待打磨的成品套在转轮上，转轮由马达带队的皮带转动，算是借一点机械力。可是拿着蘸水的木炭、磨刀石挨着转动的成品，跟它摩擦，还得靠打磨工人的两只手。起瓜楞[①]的花瓶就不能套在转轮上打磨，因为表面有高有低，洼下去的地方磨不着。那非纯用手工打磨不可。

---

① 瓜楞，指形状如瓜的物品上有条状的突起。

荣宝斋的彩色木刻画

所谓彩色木刻画就是用木刻套印的方法印成的画幅，人物、花鸟、山水……差不多跟中国画画家笔下的真迹一模一样，我家里挂一幅新罗山人的花鸟画，一块石头前伸出一枝海棠，三个红胸鸟停在枝上，上下照应，瞧那神气正在那里使劲地叫。朋友们见了，有的说这一幅画得好，有的不言语，只是默默地观赏，也许还在那里想怎么我也收藏起名家的作品来了。等我说明这是彩色木刻画，荣宝斋的出品，他们都不期然而然地吐出一声"啊！"——这"啊！"里头含着惊奇、不相信的意味。可见彩色木刻画简直可以"乱真"了。

　　在十六世纪，我国就有彩色木刻画，多半印在诗笺上。诗笺是二十多公分高的小幅，听名称就可以知道它的用处。文人作成诗，总爱写给朋友们看看（那时候还没有报和杂志，也就没有投稿发表这回事），或者那首诗是特地赠给谁的，更非写录不可。把精心结撰的诗篇写在印着彩色画的诗笺上拿出去，当然比写在白纸上漂亮得多。

　　诗笺也拿来写信。要是按实定名，写信的该叫信笺。信稿起得好，又是一手好字，写在印着彩色画的信笺上，可以使受信人在了解实务、领略深情以外多一分享受。

　　近年来我国送些出版物到国外去展览，其中有笺谱。也许"笺谱"这个名称确实不容易翻，就翻成"画集"。"集"跟"谱"固然可以相通，都是"汇编"的意思。可是"笺"是诗笺和信笺，表示一定的用途，只因笺上有画就管它叫"画"，不免引起误会。为了解除误会，我特地在这里提一下。

　　诗笺、信笺上印彩色画，彩色画有各种各样的画法，印起来有容易有难。譬如一幅花卉，花朵、叶子、枝条全用墨色线条勾勒，花朵着红色，叶子着绿色，枝条着棕色，只要按色分刻四块板子——墨色、红色、绿色、棕色各一块——套印就成，那比较容易。花鸟画还有所谓"没骨法"，不用线条勾勒，只用彩色渍染，譬如画一张荷叶，绿色有浓有淡，有些地方用湿笔，绿色从着笔处稍微溢出，有些地方用枯笔，显出好些没着色的条纹，这要印出来就比较难。可是印造诗笺、信笺的摸索出一套方法，练成一套技术，也能够照样办到，总之，原画怎么样就印成怎么样。咱们现在看荣宝斋仿造的《十竹斋笺谱》，里头就有用这样的印法的。《十竹斋笺谱》的原本在崇祯十七年①出版，还是十七世纪中段的东西呢。

我小时候喜欢从纸店里买些诗笺玩儿，都是线条画，套印不过两包。这个东西跟文人有缘，大概文人比较多的地方就有。一般人既然不作诗，写信又没有什么讲究，当然用不着这种画笺。北京地方印造这种画笺的最多，理由很容易了解，不用多说。据

① 崇祯十七年，即公元 1644 年，明朝于这一年灭亡。

朋友告诉我，清朝末年有懿文斋、松古斋、秀文斋、宝文斋、宝晋斋、万宝斋、松华斋、荣禄堂、翰宝斋、翰雅斋、彝宝斋、清秘阁这么些家，出品都是单色的。还有一家松竹斋最出名，有二百多年的历史，庚子事变的时候倒闭了，后来改组成荣宝斋。现在荣宝斋经过改造，已经是国营的企业。

　　荣宝斋印过翁同龢①画的梅花屏四条，又仿造过诒王府的彩色角拱花笺，很有名，后来渐渐印笺谱，仿造的《十竹斋笺谱》是出色的成绩。最近多印册页、条幅，册页有《现代国画》《敦

――――――

　　① 翁同龢（hé）（1830—1904），晚清政坛的重要人物，曾担任光绪皇帝的老师。亦为当时著名书画家、诗人。

117

煌壁画选》沈石田①的《卧游》画册……条幅有方才说的新罗山人的花鸟画，有齐白石先生、徐悲鸿先生的作品，全是木刻套印的。册页比诗笺大三四倍，条幅更大了，新罗山人的那一幅，高一公尺二十六公分，宽四十一公分半。可见荣宝斋的新的努力是使彩色木刻画向大幅发展。

我参观过荣宝斋的工场，现在据参观所得，谈谈彩色木刻画的制作方法和技术。

得从版子说起，有了版子才可以印刷。刻版子先得描底稿。像方才说的花朵着红色、叶子着绿色、枝条着棕色的画，只要照原画分色勾描，原画有几色，描成几张底稿就成了。勾描用映写法，就是拿半透明的薄纸蒙在原画上，看准原画用细线条勾描。至于用彩色渍染的画，一个颜色里有浓淡，一个地方着好几色，或者还有湿笔、枯笔，那么分析版子就是大工夫。不明白画理没法下手，还得熟悉印刷的技术。设计的人从画理和印刷的技术着眼，认定哪儿的浓淡得分刻几块版子，哪儿的几色可以合用一块版子，哪儿的湿笔只要印刷的时候使些手法就成，然后分别勾描。勾描是极细致的工作，描得进一线出一线就走了样，张张底稿描得准确，位置不差分毫，印起来才套得准。一幅色彩不怎么繁复的画，至少也得分别描成六七张底稿。这还是就册页说。至于条

---

① 沈石田，即沈周（1427—1509），号石田，明代杰出画家，与唐伯虎、仇英、文徵明合称"吴门四才子"。

幅，高度在一公尺以上，即使上方和下方有些部分彩色完全相同，可是印刷条件有限制，不能够同时印刷，也得分别描成几张底稿。譬如一幅花卉，上方的、中部的、下方的一部分叶子都是淡绿色，彩色虽然相同，也得描成三张底稿，刻成三块版子，分三次印刷。像我说的新罗山人的那幅花鸟画，勾描下来分成四十九张底稿，刻成四十九块版子，印刷的次数还要多，因为有些版子要印两次或三次。看起来那么雅淡简洁的一幅画，不知道底细，谁也不会相信制作的手续是这么繁复的。

方才说拿薄纸蒙在原画上勾描，描出来自然跟原画一样大小。也可以改变原画的大小，计印成的画幅比原画小些或者大些。这要依靠照相。照相把原画缩小或者放大，然后依据照片勾描，原画放在旁边随时参考。印造彩色木刻画全部是手工，只有在这个场合才利用现代的机械。

分别描成底稿，随后的工作就是刻版子。底稿反贴在刨平的木板上，跟刻书一样，刻成的版子是反的。木板是杜梨木，木质坚实匀净。我国木刻向来用杜梨木和枣木，所以"梨枣"成了木刻的代称。

工人刻版子的时候，右手握着刀柄，右手的拇指和食指帮着推动刀尖，那么细磨细琢地刻画着。原画放在旁边随时参考。所谓参考主要在体会原画的笔意，只有传出原画的笔意才能刻得真不走样。柔和的线条要保持它的柔和，刚劲的线条要显出它的刚

劲，无论什么形状的笔触要没有斧凿痕，全都像画笔落在纸上的那个样儿，这固然靠勾描的工夫到家，可是勾描得好而刻工差劲，那就前功尽弃。所以刻版子的人也得明白画理，他要辨得出笔触的意趣，能够领会什么是柔和和刚劲，还得得心应手，实践跟认识一致，才能把版子刻得像样儿。鸟身上的羽毛，花心里的花蕊，一丝一缕都得细细地刻。还有那些枯笔，笔意若断若续，就得还它个若断若续。落笔的地方是极细的一丝丝，一丝丝之间是空白的一丝丝，这些丝丝全要照样刻出来，不容一丝有一些斧凿痕。我国善本书的书版向来称为精工的制作，现在谈的这个画版，比书版还要精工得多。

版子刻成以后，就是印刷了。先说说印刷的设备。这跟我同

印木版书的设备一样。印刷桌的平面上挖一道比较宽的空隙，木版固定在空隙的左边，待印的一叠纸张固定在空隙的右边。往右边摊开的纸张翻到左边的木版上，印过以后让它从空隙那里垂下去，再翻第二张。固定木版，现在荣宝斋用的是外科中医用的膏药。这东西胶性很强，不致移动，可是用力挪移木版还是可以挪动，试印的时候校正位置挺方便——校正位置是一项重要工作，必须试得丝毫没有差错才能正式开印，不然就套不准。固定纸张的方法是拿一根木条把一叠纸的右边压住，木条两头拴紧，使它不能移动。一叠纸有它的厚度，压住的时候必须使每一张稍微错开点，这才从头一张纸到末了一张纸，版子都能印在全张纸的同一个位置上。

印刷不用油墨，用中国画画家用的颜料。换句话说，原画上用的什么颜料，印刷也用什么颜料。预先把颜料调好，水分多少，浓淡怎么样，都得对照原画。原画是早已干了的，必须估计到调好的颜料印在纸上干了以后怎么样，才可以不致差错。这全凭经验，经验里头包括眼睛的辨别力，调色的技巧，还有对于纸张的性质的认识。

纸张用宣纸，因为中国画画家作画大都用宣纸，既然要印造得跟原画一模一样，用纸自然应该相同。再说，用毛笔画水彩画只有画在宣纸上最合适。道林纸、铜板纸上虽然不是绝对不能画，画出来至少会减少画的意趣。譬如一笔浓笔画在道林纸、铜版纸

上，着笔的地方跟纸面空白的地方必然界限分明，像刀刻似的，这就减少了意趣。要是毛笔多蘸了些水，涂上去水就浮在纸面上，彩色着不上纸，那还成个画？——像齐白石先生常画的浓淡墨掺和着的大荷叶，道林纸、铜版纸上简直没法画。宣纸比道林纸、铜版纸松，质地匀净滋润，能吸水，无论浓笔湿笔，涂上去全能适应。水彩、毛笔、宣纸是中冈水彩画的物质条件，彩色木刻画既然是仿造中国水彩画，自然不能不采用宣纸。

印册页、条幅都用双层宣纸，双层是造纸的时候就粘起来的。用双层纸印，色彩更好、更美观。有些旧画的纸张，颜色变了，不像新宣纸那么白，仿造这些旧画的时候，宣纸就得先染色，染成旧纸的颜色。

宣纸是安徽泾县出产的，在宣城集中外销，所以叫宣纸。历史很久了，唐朝时候就有这种纸，明清两代生产最发达。原料是檀木的皮。用途除供文人写字作画以外，还可以印木版书。抗日战争一开始，泾县的造纸户全部垮了台，直到解放时期也没恢复。后来组织宣纸联营处，最近又由地方政府投资，联营处改为公私合营。造纸工人见宣纸还有相当的需要，都表示决心，保证今后数量够用，质量提高。他们的经验和技术足够实现他们的保证，质量达到明清产品的标准不成问题，并且还可以超过。今后中国画画家和彩色木刻画的印造家可以不愁没有好纸用了。

现在该谈印刷的方法了。印刷的时候，原画当然也得挂在旁边。工人用毛笔蘸了调好的颜料涂在版子上，然后翻过一张纸，左手把纸拉平，右手拿一个叫"耙子"的家伙（大略像擦黑板的刷子，底面用棕皮包平，稍微有些弹性）在纸背面贴着版子的部分砑印①。这么说来好像印刷挺简单似的，其实不然。涂上颜料以后先得用一个细棕刷子（形状像咱们剃胡子时候拿来蘸肥皂的刷子，不过大得多，一火把细棕丝理得挺平的）刷过，使版面的颜料匀净，边缘上不致有溢出的颜料。如果是一块有一部分该印淡色的版子，譬如一张秋海棠叶，右边缘的绿色非常淡，那么把绿色颜料涂在版子上以后，就得擦掉右边缘的颜料，再用细棕刷子蘸了水轻轻刷过，然后印刷。这样，右边缘的颜料虽然擦掉，可是木板上还保留着绿色的水分，因而印出来刚好是极淡的绿色，又因为用刷子刷过，印出来的极淡的部分跟其他部分没有划然的界限。又如某一块版子在原画上是湿笔，涂在这块版子上的颜料就得有适当的水分，水分必须不多也不少，印出来才能跟原画一致。以上说的全是翻过纸来印刷以前的事儿。再说纸张蒙在版子上，拿耙子在纸背面砑印也大有分寸。哪块版子该实实在在地印，哪块版子只要轻轻一印，全靠对于挂在旁边的原画的体会。至于得心应手印得恰如其分，那就非有熟练技巧不可。

哪一色的版子先印，哪一色的版子后印，这里头有讲究。哪一色得等前一色干了以后印，哪一色得在前一色没干的时候印，

① 砑（yà）印，用卵石或弧形的石块碾压或摩擦皮革、布匹等，使密实而光亮。

这里头也有讲究。这些讲究全跟画家作画的当时一样。遇到浓重的彩色，印一次不够，就再印一次，甚至印三次，这等于画家的画笔在纸面上涂浓。

印小幅是一个人的工作。印比较大的就得添一个人，帮着翻纸张，拉平纸张。印过一张还得看看有没有毛病，然后让它从印刷桌的空隙那里垂下去，工作当然不会怎么快。整个工场里静静的，跟现代印刷厂的气氛完全不同。咱们跑进现代印刷厂的车间，所有机器都在那里动，机器声似乎把全车间的空气给搅动了，因而视觉、听觉、触觉的器官全让动的感觉给占据了。在印刷彩色木刻画的工场里可没有这样的感觉。

还有一点该说一说。一幅画经过印刷，许多版子的边缘把纸面挤得洼下去，必然留下痕迹，这在原画上显然是没有的。可是不碍事，印成的画幅经过砑平托裱，就没有什么了。

中国彩色画也可以用彩色铜版、彩色胶版精印，可是铜版印的、胶版印的总觉得像张照片（看铜版、胶版印的油画就不大有这个感觉）。这是没有办法的，纸是铜版纸，彩色是油墨，物质条件不同了，当然不能完全传出原画的意趣。彩色木刻画用的纸张、颜料跟原画完全相同，只是用木版代替了毛笔，在雕刻和印刷的技术上又尽量设法不失毛笔画的意趣，所以制成品简直可以"乱真"。一幅精工的彩色木刻画不但是上好的工艺品，而且是比原画毫无愧色的艺术品。

124

自己做的玩具

年假期中，正元看见许多小贩，挑了各种花色的玩具到门前来卖。弟弟妹妹看见了，也想买些来玩。

正元说："放假时候，先生发给我们许多东西，叫我们自由制作。我们为什么不自己做玩具来玩呢？"弟弟妹妹都说："好！我们就自己来做几样玩具吧！"

于是他们动手做玩具。

弟弟用蜡光纸做了许多风车，正元用竹丝做成一个架子，再用铅丝把风车扭在架子上，风来了，转动起来，真好看呀！

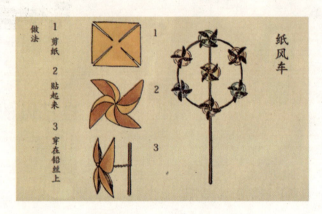

妹妹看见一种纸轮很有趣，她就仿造一个。

她用竹丝扎了一个圆圈，裁三十条薄的颜色纸，中间用劈开的细芦管夹起来，依次把纸条的两头贴在竹圈上，再用铅丝穿过芦管，扭在芦秆上，便能随风转动。

正元看见一种翻花板，做法很巧妙，他看懂了，就用七块长

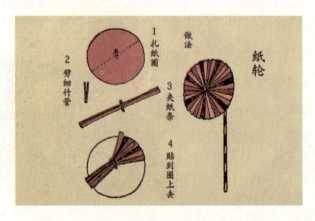

126

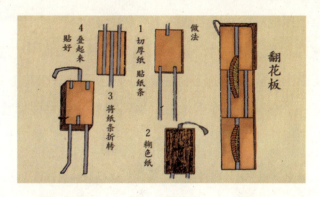

方形厚纸，十八条韧纸条，七种颜色纸，六张方形薄纸，照着上面的方法做起来。等它干了，捏住上面的一块厚纸，倒来倒去，可以不断地翻出花来。

弟弟要做不倒翁，他不懂做法。

正元对他说："要做不倒翁，先要做一个黏土模型，等它干了，用几层纸糊在模型外面，干了后剖出模型，把纸壳糊拢来。另用黏土做一个圆形的底，等它干了，贴上纸壳，先涂白粉，再画面貌，着颜色，就做成了。"

弟弟依照他的方法，做成一个有趣的不倒翁。

妹妹说："我见过一种活动飞蛾，好玩得很，我要做一个试试哩。"

她用黏土做成许多橄榄形的蛾身，两旁各插一根鸡毛做翅膀，近头处穿一个小孔，穿在铜丝上，用两端劈开的竹弓攀紧，倒来倒去，就像活动的飞蛾了。

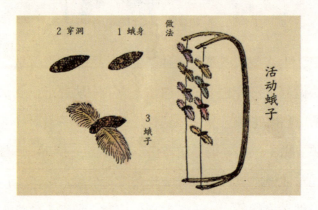

正元最喜欢玩的是翻杠人。他用厚纸剪成人的身体和手足，用铜丝连合起来。另用竹片做一个架子，上面穿两根线，把纸人的手穿在线上。他捏住架子的脚，一捏一松，纸人就很快地翻起杠来了。

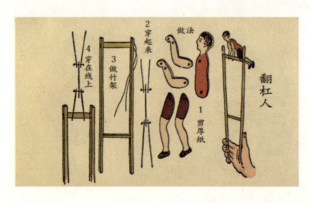

弟弟说："我看见一个滑稽人，手会扇扇子，眼睛和胡子都会活动，你们看好玩吗？"

妹妹说："我见过了，我懂得它的做法：这是用纸剪好人形，在眼睛、胡子、手的地方开了孔，另用纸画了眼睛衬在孔下，剪了胡子和扇子插在下面的孔中，背面用薄竹片两片，一片贴眼睛、胡子和扇子，一片用纸和人形贴牢，等它干时，手捻竹片，就会活动了。"

这是正元扎的兔儿灯。他先用竹丝扎成兔儿的身子，再扎了头和耳朵。下面扎好烛签和装轮子的竹管。糊了纸，贴好眼睛和尾巴，装上木头轮盘，点了烛火，牵来牵去，有趣得很。

弟弟和妹妹合扎一个纸鸢。他们先用竹丝扎成一个长方形，糊了纸，上面用线攀紧，下面贴了两条长纸条，缚好线，放到空中，飘飘摇摇，真好看呀！

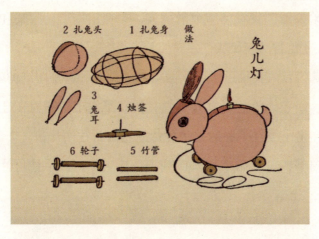

  正元看见卖鸡叫子的人。他看明了他的做法，就用黏土做鸡身，鸡毛做尾巴，芦管和竹叶做叫子，装在鸡身中央，下面用劈开的竹签做柄。做成以后，他又装上一个纸风车，吹起来风车同时转动，比那人出卖的更好玩。

  弟弟对妹妹说："我看见人家用两个竹筒，中间连一根长线，

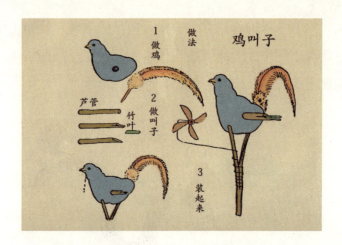

一个人凑着竹筒说很轻的话，一个人在老远的地方用耳朵凑着另一个竹筒，就可以听见。这是怎样做的？"

妹妹说："这个叫作传声筒，是用两个竹筒做的。竹筒的一端要用韧纸糊好，线就穿在纸的中央。说话时双方的纸都起振动，所以对方能够听见。"

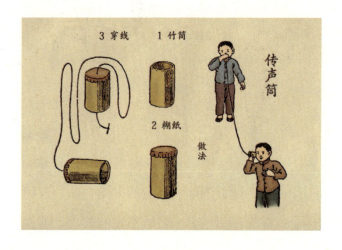

正元用一寸长的细竹管十二段，两端削成叉口，钻了孔，用细铅丝逐段连起来，上面画些花纹，头上用铜丝绕两根须，一手拿着尾部摇动起来，就像一条活动的蛇。

妹妹用一根细芦管扎在竹签上，再用黏土包在外面，做成一个人。

芦管中穿一根铅丝，两端向反对的方向弯曲，再用洋烛油捏成棍棒的样子，黏着在铅丝上。将竹签左右转动，那泥人就像在

那里做棍棒操。

弟弟看见一个小朋友玩竹枪，他也做一个来玩。他用一根竹管，在侧面开了两个孔，再用竹片做弓，袋在孔中。把小石子或大豆放在管中，扳动竹弓，可以弹得很远。

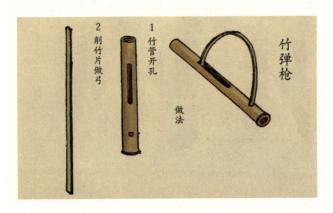

正元看见先生有一个七色大陀螺，转动起来，会变成白色。

他取了一块圆木片，中央钻一个方洞，装在一根竹棒上，把竹棒一端削尖，一端削圆，木片上贴了七种颜色纸，转动起来也会变成白色。

妹妹见木人戏做得很好笑。她用一段竹筒做一个人头，用花布做成帽子和衣服，颈部用线扎紧，翻转来，套在她自己的手上，她把食指伸在人头中，大指和其余的三指伸在衣袖中，手指动时，人也动了，就像做木人戏一般。

弟弟用一段木头，上端削圆，画成人头，下端削尖，画做人脚，颈部绕一根长铅丝，铅丝两端黏着两个黏土球，再用布做一件衣服给它穿上，把它立在棒头上，摇摇摆摆，并不跌下来。弟弟说：

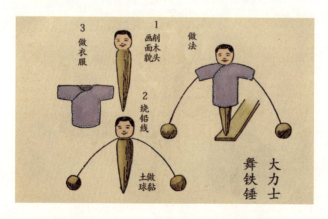

"这叫作大力士舞铁锤。"

正元用铅丝和马口铁片做成一个旋转的玩具。

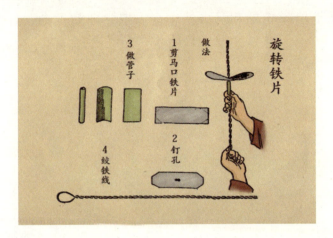

他先把一块马口铁片剪成长方形，剪去四角，中间钉两个并列的小孔，两端向左右绞转，再用一块长方形马口铁片敲成管状，都套在绞紧的铅丝上。很快地将管用力向上一捋，马口铁片就很快地旋转到空中去了。

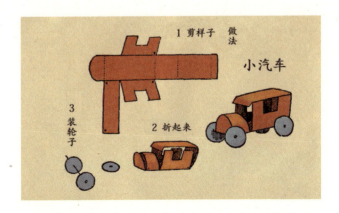

135

　　弟弟和妹妹合做一辆小汽车。他们先用纸剪成样子，然后贴在马口铁片上，依着样子剪下来，穿了四个孔，折成汽车，末了装上铅丝轮轴和马口铁轮盘。把它向前推动，好像真的汽车。

十种玩具

卷头片语

玩具，是我们年轻时代所需要的。但所玩的，应当选对于我们有益处的东西，或能增长我们的知识，或能强健我们的身体。像玩气球，便可从此得到些科学知识；像拍皮球，借此可以运动身体，这都是适宜的。总之，无益而有害的，我们就不当取来玩。

玩具的范围很广，种类也很多。有的，须在工厂里机器上方能制造，这种东西，价值都很贵，非我们普通一般人所能购买。

所以我们的玩具，当选自己能够制造的，并且不费多钱便可制成的为宜。

本书所述的玩具，都是我们能力上与经济上所能制作的，并且这类玩具都是对于我们有相当益处的。课余有暇，我们不妨选几种自己所喜欢的来制作。不过本书说得未能详尽，而且有的是非言语所能详说的，所以制作时还得用自己的智力去加上一番研究的。如有聪敏的小朋友，能把本书的玩具，更改得完善些，或因见了本书的玩具，更能发明其他有趣的巧妙东西来，那就更好了。

一　大力士

这是利用重心的原理的。我们要使这个纸人一只脚站立在台

座上，并且要活动不倒，原是不可能的；但现在于其两手中装上两个相当的重锤，这就同天平秤一般，人体非特站得稳，即稍倾侧，也能不倒了。

制这东西所需的材料是：

铅丝、黏土、绸、棉絮、胶水、铅粉、金粉或者金箔。

所用的工具是：

黏土工具、剪刀、钳子、墨笔。

其制作的次序是：

（一）用黏土捏成如上图那样的台座，高约四寸。

（二）用钳子将铅丝弯曲成下图形状，C 至 A，C 至 B 均宜长，CD 宜短。另用铅丝弯成 EF 状，用线缚在中间，预备装头做脚之用。

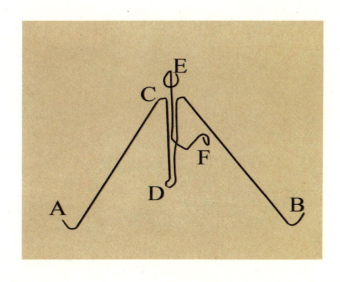

（三）用白绸包棉絮团，制成头形，装于 E 处。

（四）用红绸包絮，在铅丝上制成身体及手脚，用糨糊贴好。

（五）将手部下露出的铅丝，用黄色皱纹纸包裹。

（六）A、B 两端，用黏土制成圆球装上，愈重则人体站得愈稳定，故球形不宜小。

（七）等黏土十分干燥，将台座涂上水胶调成的铅粉，A、B 两圆锤涂上胶水与金粉。

（八）画出人头的面目来。

二　鹅与鸭

鹅与鸭，都是家畜的水禽。其不同处，便是鹅的颈长有红顶，体白而肥大；鸭的颈短，脚也短，毛色大都是灰黄的。

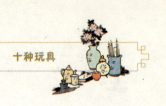

　　这一种玩具，我们可以从石膏的型里用蜡翻造出来。因为蜡制品中心是空的，故可浮在水面不沉下去。假如你是养有金鱼的，那么放两三只鹅鸭在金鱼盆里，是最有趣的。不过要找到适当的模型却很难。如有现成的鹅鸭玩具，来翻作石膏型，最为便当。否则，便要用黏土或蜡来自做小模型。有了模型，便可制作了。

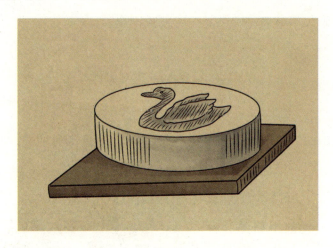

　　关于石膏工及蜡工，想读者已在正课中学习过了。现在简单地一说吧。石膏型制法：便是用熟石膏粉和水调成糊状，倒在围有边框的板上，把制成的鹅或鸭，涂了肥皂液，半面侧埋于石膏中，等它硬化，雕两个缺在榫石膏上，参看上图。上涂肥皂液，放好边框，再倒石膏糊上去，盖没鹅鸭。再等它硬化后，即可除去边围，好好分开石膏的两半，取去鹅鸭，即成石膏模型。

把这石膏型涂上肥皂液，倒入烧热的蜡的溶液于下半型，急盖好上半型，左右前后旋转三四次，使蜡得周流型内。静置数分钟，蜡已冷化而凝固了。揭开上型，将下型置于冷水中，蜡的鹅或鸭，便浮上水面来了。

制作上最要注意的，便是石膏型要制得好，那么翻造出来的蜡形也好。热蜡倒进型里后，即须旋转得十分周到，如迟缓或不周到，那么开出来的蜡形，一定破缺不全。

三　月亮婆婆

这东西，可以作为案头的装饰品的。小朋友们见了，谁都喜欢的。

制作上所需的材料及所用的工具都很简单。材料只要黄白绸各一方，皱纹纸少许，棉絮少许，铅丝二尺，此外备些糨糊就行了。工具只要一柄剪刀。

制作法也很简便，其顺序是：

（一）把铅丝的一端

屈曲成直径约二寸的圆圈，另一端盘屈起来成上图那样，使能站立。

（二）在圆圈上，取同大的白色绸，用糨糊贴上，其边须包转于铅丝上，即成满月形。

（三）用棉絮衬在绸的反面，中央稍厚，再用黄色绸盖贴在上面，绸边不妨稍稍包转在白绸的边上。

（四）将圆形以外的铅丝用绿色皱纹纸条卷好。

（五）用阔半寸的黄色皱纹纸，像木耳边那样贴在白绸月形的四周。用同尺寸的红色皱纹纸，贴在黄色月形的四边。

（六）在月球的两面用不同的颜色，尽自己的能力，画上不同的笑脸。

四　熊

熊是寒带地方的一种猛兽，前脚短，后脚长，很粗大，能攀登树木。

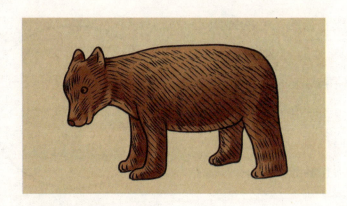

制作的材料是：骆驼绒、棉絮及线。

工具：剪刀、引针。

制作的顺序是这样：

（一）熊的毛色或黄或黑，所以骆驼绒也当选用这类颜色。在绒上照图画成熊皮的大概形状，大小可由自定，依样剪下。

（二）用棉絮团堆在它的胸部，将绒的两边裹拢，用针线先大约地缝上几针。

（三）将头部亦用絮团裹入，缝好。然后，须设法使它稍稍隆起，嘴部亦当注意，务求能像熊嘴为要。

（四）将前后脚也用棉絮作团，裹在里面，缝时须注意脚掌的形状。

（五）观察全部形体的凹凸，已像熊的体格没有？如有不合处，可用絮从接缝处纳入。如已无毛病，将接合处重行细密缝一周。

（六）用绒及絮另做两耳朵，缝在头上。尾，也当做上。

（七）用黑色的圆球形玻璃质衣纽，缝在眼际，作为眼珠。

五　鹦鹉在树上

鹦鹉有白、绿、红三种，嘴钩曲，舌肥厚，能学人说话，足趾两前两后。

145

　　我们也可用蜡把它翻造，模型可取现成的玩具，否则自己用黏土或蜡来制造，然后翻成上下两半的石膏型。再用热蜡注入型内，便成蜡制的鹦鹉了。中心也是空的，所以蜡倾入后，也须迅速旋转的。关于石膏型及蜡型的制法，在前面的"鹅与鸭"一节中已有相当的说明，请参看吧。

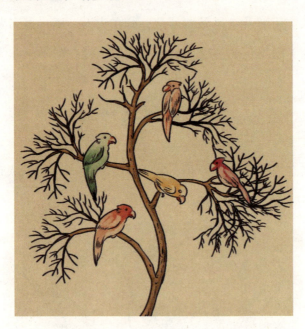

　　鹦鹉身体，细些为宜，既好看，又易做。白绿红三色可各制三两只，树，可折柏的小枝来做，因它一时不易枯黄，且其形态也颇像小树。在枝头择适当地位，将鹦鹉放上，用热蜡将它腹部与枝胶接。这样，每树放上四五只，树大的不妨稍多，白绿红相对照，是很美观的。

六　黑种人头

地球上人种，因皮肤内色素的不同，可分为黄、白、黑及红、棕五种。黑种人的皮肤是黑褐色，与红的嘴唇，白的眼球、牙齿，互相配合，另有一种的趣味。

我们做他的头，很可作为案头的装饰品，可用黏土来塑。也可用木头来雕，但泥塑要比木雕容易。

制法也很简单，只消在上细下粗的长方柱或圆柱体上雕上一个笑面的人头，若是用黏土塑的，那么等它十二分干燥后，用黑漆涂上两三次。如色已深黑，就可等它干后，再用白漆涂上眼球与牙齿，用红漆涂在唇上，就成功了。

它的高度，至多只好半英尺，因为这是竖立的，所以下部当粗大些，否则，便站不稳了。此外，还要注意的，便是口鼻眼各部肌肉上的表情，当显出笑的神气来，否则，放在案头，不觉有趣了。

七 假面具

假面具的功用很多，有侦探用的，有演剧用的，有小朋友玩耍的。因功用不同，它的质料也就不同了，有橡皮的，有丝纤的，还有纸质的。式样也有不少种，有把面部全行掩去的，有仅遮去眼睛的。全面的要做得好，很费手续，我们现在来做遮眼的假面具吧。

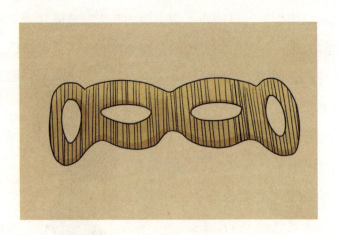

做法很简易，就用那比较不易破的黄色包皮纸吧，把它先画成图样，然后依样剪下。当中两卵圆形孔，是露出眼睛的，两旁两穴，是预备套在两耳上的。但这样非要依了各人头的大小特做不可，很不便当。如做大家通用的，可把耳圈改用宽紧带或用牛筋圈，那么大小就自由了。

涂在面具上的颜色，可随你喜欢，但要奇特些，以用全黑的为妙。

八　跳舞的妖精

这跳舞的妖精，是个滑稽模样的东西，也可作为一种案头的点缀品的。

材料是——橙、红、黄、绿的皱纹纸，绸一小角，铅丝数尺，糨糊。

工具是——剪刀、钳子、笔墨。

妖精的身体是用铅丝做骨，皱纹纸做肉及衣裳的。制作的顺序开述于后：

（一）把粗细适中的长铅丝，用钳子屈曲成下图的形状。

（二）在头上，用白绸或绫裹着棉絮或纸团，用糨糊贴好，使成头形，面部须光滑。

（三）将铅丝的手臂用白色皱纹纸绕缚。将两脚用暗红纸缚好。将脚下的座盘用绿色纸卷绕。

（四）用宽阔的黄色皱纹纸

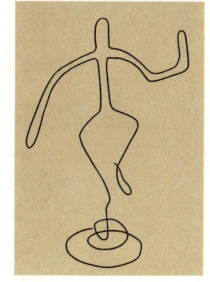

裹在胸腰及腿部。臂部与腿部须裹得特别宽松。腰际用红绫带一条缚紧，如蜂腰那样细。腿下将纸收拢来，用丝暗缚在膝处。

（五）用长条的橙色纸，下衬较阔的红色纸条，披在颈际，在里面用线缚紧。

（六）在脑际，用红纸制成尖形的高帽戴上，或饰着尖角形的纸片。

（七）用墨笔开出有趣的笑脸，在两颊及额上，用红色作点，更显滑稽。

九　雄鸡

家禽中的鹅鸭，都做过了，现在来做一只鸡吧。但雌鸡是不美观的，我们来做雄鸡吧。

材料——黏土、鸡毛、细铜丝、竹片、胶水、金箔或金粉。

工具——剪刀、钳子。

制作顺序：

（一）将炼制的黏土，捏成卵圆形的鸡身，上涂胶水，用金箔贴上（金粉亦可）。

（二）拣红黄色雄鸡毛插在两腰侧，形成翅膀状。另拣鸡毛插在后面，作为尾巴。

（三）用极细的长铜丝，在铅丝或洋钉上缠绕数百转，褪下，

稍许拉长些，剪下一段，插在前端代鸡颈。

（四）另用黏土作鸡头，涂上金粉，点上眼睛，用红纸作嘴及鸡冠，装在前端弹簧铜丝上。

（五）再用铜丝制脚，插在腹下。

（六）将另一段较长的弹簧铜丝，一端插在鸡背，一端缠在细竹片上，就成功了。

十　太阳灯

在冷冬天气，适切的玩具就很少了。现在来制一个有趣的太阳灯，预备新年时候晚上玩吧。这灯的形状与色彩都像太阳，所

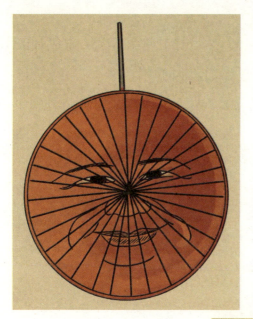

以叫它太阳灯。

制作时，必备的工具
与材料是：玻璃纸、铅丝、
细铁丝、线、颜料、糨糊、
剪刀、钳子、笔。

制作顺序：

（一）取一尺二寸阔、
二尺左右长的红色玻璃纸，
从长的一端重复地隔四分一
折，折成如下图的样子。

（二）用线将中央E处
束紧，将A、B两边用糨糊
黏合。次将C、D接合。这样，
E处便成了隆起的中心了。

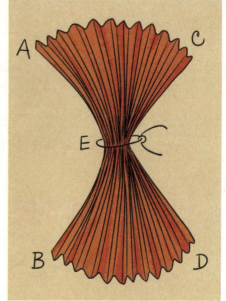

153

（三）两条铅丝，制成如纸圆形大小的两个圆环，不过它们的上下两处，须彼此向反对的外侧面屈曲，各成半月形，相合即成一圆形，上面的略大，下面的稍小。

（四）另用细铁丝数寸，将两圆环下小圆形处，如左图那样缠束。上端扎成锐利的尖锋，以便插蜡烛之用。

（五）将两个纸圆形的边，各包贴在圆环上，便成右图的形状。

（六）在两纸圆形上，用墨笔画上滑稽性的笑脸。

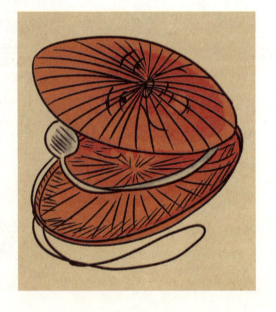

（七）中间插上短小的
烛，上端圆孔处，用线缚好，
即可悬挂。它的侧面，便成
右图形状。

　　此灯制作上最需注意的
是：插烛的铁丝，当直立，
如稍倾侧，怕有烛火烧及纸
面的危险。

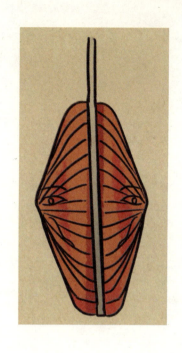